성형 수술 없이 예뻐지는 법

성형 수술 없이
예뻐지는 법

정하정 지음

매일경제신문사

프롤로그

자연스럽고 우아한 나를 만나다

나는 미술을 전공해 12년 동안 초등학교 미술강사로 일했다. 살을 빼기 위해 운동을 시작하며 자신을 찾는 계기가 되었다. 운동은 나를 발견하고, 자신을 사랑하는 사람으로 이끌었다. 국내 피트니스대회에 출전해 1등을 하고, 해외 피트니스대회에도 출전해 1등을 했다. 자신에 대한 믿음은 피부에 대한 무한한 열정으로 '갈바닉 성형관리'라는 꽃을 피우게 했다. 현재 동탄역에서 갈바닉 성형관리를 자체 개발해 '바르고 고은' 정스킨 동탄 1호점을 운영하고 있다.

운동을 했던 열정은 피부에 대한 관심으로 옮겨가 나를 움직이게 했다. 나는 유독 피부에 관심이 많았다. 집착에 가까울 정도로 피부에 미쳐 있었다. 보통 피부관리를 하기 위해 피부과나 피부숍에 방문한다. 하지만 나는 기존 피부과와 피부숍의 관리에 만족하지 않았다. 자신이 원치 않는 피부관리를 통해 얼굴이 어색해지고, 달라져 후회하는 사람들을 보며 무서운 생각이 들었다. 변한 자신의 얼굴을 보고 평생 짊어질 무게가 무겁게만 느껴졌다. 그래서 무리한 관리를 피하고 싶었다. 기존 피부관리가 달라져야 된다는 생각을 늘 했다.

모든 여성이 예쁜 피부와 얼굴을 원하는 것은 당연하다. 하지만 피부관리라는 명목하에 선택의 폭이 좁기만 한 현실이 안타까웠다. 선택의 폭이 좁기 때문에 할 수 없이 피부과와 피부숍을 대부분 방문한다. 피부과에서는 대부분 예쁜 피부를 위해 프티 성형을 권유한다. 그래서 자신이 생각하지도 않은 관리로 부작용에 노출될 수밖에 없는 실정이다.

피부숍은 팩만 여러 번 붙였다 뗐다 하는, 만족할 수 없는 약한 관리만 하고 있다. 피부관리사는 "얼굴은 세게 하면 안 돼요"라고 가설을 세워두고 변명으로 포장한다. 효과 없는 관리로 옛날이나 지금이나 똑같은 관리만 하고 있는 것이다. 얼굴은 약하게만 관리해야 된다는 가설은 나에게는 정확하고 강한 기술이 불가능하기에 둘러대는 변명처럼 들릴 뿐이다. 아무런 효과 없는 관리로 더 이상 고객은 만족하지 않는다. 나 역시 그렇게 느꼈기 때문이다.

부작용을 감당하면서 관리하거나, 아무런 효과 없는 관리를 하거나, 지금 우리가 처한 피부관리의 현실이라고 본다. 그래서 나는 피부관리 선택의 폭을 넓히고 싶었다. 이런 생각으로 남들이 하지 않는 것에 도전하기에 이르렀다. 어색함 없는 자연스러운 피부관리를 스스로 찾고자 노력했다. 특히 부작용이 없어야 한다는 것이 가장 중요했다. 왜냐하면 나는 매일 피부관리를 하기 때문이다. '갈바닉'을 알게 되면서 실험 삼아 내 얼굴을 매일 스스로 관리하며 연구했다. 나는 원하는 목표가 있으면 집중해 결과를 이끌어내는 성격이다. 그래서 결과가 나올 때까지 반복과 끊임없는 노력으로 연구하고, 또 연구했다.

나는 갈바닉, 근육, 혈자리, 이 세 가지 기술이 합쳐진 신개념 피부관리를 완성했다. 나는 얼굴의 많은 근육과 근막을 만질 수 있는 능력이 있다. 그래서 갈바닉이라는 기계로 근육을 이완해 단단하게 뭉친 근육을 풀어주는 기술을 완성했다. 얼굴에 근육이 발달하면 단단해지고, 얼굴도 커진다는 것을 알게 되었다. 얼굴에 발달된 근육은 골이 생기게 되어 주름이 형성된다. 주름이 많이 생기면 얼굴선이 달라져 울퉁불퉁하게 변하기 때문이다. 여기에 지방까지 쌓이면 얼굴은 계속 커지게 된다. 나이가 먹을수록 탄력이 떨어져 더욱 처지게 되어 노화가 빨리 진행된다.

나는 갈바닉으로 근육의 방향과 세기로 림프순환의 관리와 주름근막 제거를 하고 있다. 목과 어깨에 뭉친 근육을 이완해 림프를 순환시켜 노폐물과 독소를 배출하고 있다. 갈바닉은 통증 완화에도 도움이 된다. 그래서 목과 어깨 통증으로 방문하는 고객이 입소문으로 많아지고 있는 추세다. 그리고 얼굴에 발달된 근육과 근막을 이완해 턱, 입술, 코, 이마의 주름 제거의 효과를 정스킨 동탄 1호점에서 입증하고 있다. 특히 얼굴 축소, 비대칭, 광대 축소, 심술보, 팔자주름, 불독주름에 효과적이다. 우리 숍은 크게 목과 어깨 통증으로 방문하는 고객과 얼굴에 고민이 있어 방문하는 고객으로 나뉜다. 원장인 내가 직접 상담하고 피부관리를 처음부터 끝까지 하고 있다.

나는 TV를 볼 때마다 안타까울 때가 많다. 예쁜 얼굴의 연예인들이 잘못된 선택으로 어색한 모습으로 변한 것을 보기 때문이다. 얼굴에 필러 주사를 맞게 되면, 피부는 뼈에 붙어 있지도 않는 떠 있는 상태가 되어 처짐이 심해지고, 노화가 가속화된다는 것을 많은 사람이 인지하지 못한다. 자신도 모르게 처진 부위에 또 다시 필러를 채우는 상황이 될 수밖에 없다. 바로 필러에 중독되는 것이다. 나는 이런 부작용이 있음에도 불구하고 그것을 선택할 수밖에 없는 지금의 현실을 반박하고 싶다. 아무도 가지 않은 길을 혼자 묵묵히 연구해 지금의 갈바닉 성형관리를 자체 개발했다. 특히 100번을 해도 부작용이 없어야 한다는 것이 내 생각이다. 지금도 나는 갈바닉을 연구하고 있고, 새로운 기술이 끊임없이 개발되고 있다.

나는 기존 피부관리의 페러다임을 바꾸고 싶고, 바뀌어야 된다고 생각했다. 피부에 필러나 실을 주입하지 않고도 자연스러운 관리를 할 수 있는 방법을 누군가는 연구해야 한다고 생각했다. 아무도 생각하지 않았던 것을 나의 상상력으로, 세계 어디에도 없는 기술로 나만의 프로그램을 완성했다. 실무에 강하고, 효과 있는 프로그램을 자체 개발하게 된 것이다. 일반적인 피부관리가 아니라, 임팩트 있고, 확실한 관리가 되는 효과 있는 프로그램이다.

내가 만든 갈바닉 기술을 책을 통해 나의 생각과 함께 담을 수 있게 되었다. '갈바닉 성형관리'라는 프로그램이 영원한 기술로 남기를 바라는 마음이다. 또한, 아름다워지고 싶은 모든 여성에게 이 책을 통해 부작용 없는 관리가 있다는 것을 널리 알리고 싶다. 자신의 얼굴에 나타나는 고민을 어색함 없이 해결할 수 있다. 특히, 부작용이 없는 자연스러운 피부관리를 할 수 있다는 것이 가장 큰 장점이라고 볼 수 있다. 무리한 시술을 하지 않고, 피부관리를 필요로 하는 사람들의 선택의 폭을 넓히고 싶은 마음이다. 모든 여성들이 자연스럽고, 우아한 자신을 만나기를 바라는 마음이다.

정하정

목 차

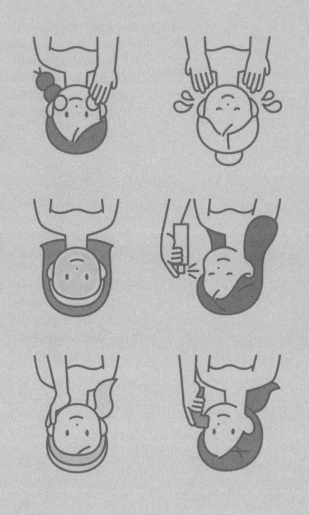

피부 나이는 속피부가 결정한다

속피부가 건강해야 빛이 난다

한 20대 후반 여성이 상담실을 찾아왔다.

"원장님, 저는 피부의원에서 여러 종류의 레이저를 일주일에 한 번씩 받고 있어요."

그녀의 피부는 엄청 예민해져 있는 상태였다. 나는 그녀의 피부를 뚫어지게 보고 있었다.

"원장님, 네이버에서 폭풍 검색했어요! 그리고 원장님이 진행하는 유튜브 채널 정스킨TV를 보고 꼭 방문하고 싶은 확신이 생겼어요. 드디어 내가 원하는 관리를 찾았어요. 빛나는 피부가 되고 싶어요. 그래서 나름 열심히 레이저를 받았는데, 지금 상태가 심하게 나빠졌어요! 오늘 피부관리를 받을 수 있나요?"

나는 심각한 표정으로 단호하게 말했다.

"고객님, 죄송하지만, 얼굴이 너무 예민해진 상태라 피부관리를 할 수 없는 상황입니다. 어렵게 오셨지만, 죄송합니다! 검색해서 아시겠지만, 우리 숍은 피부만 관리하는 게 아니라 림프순환관리와 얼굴 비대칭과 축소, 주름 근막 제거 등 얼굴에 있는 근육을 이완시키고 근막을 제거하는 피부관리입니다. 고객님의 지금 피부 상태에서 피부관리를 받으시면, 트러블이 더 심해지기 때문에 지금은 관리를 할 수 있는 상태가 아니에요."

그러자 그녀는 울먹이며 말했다.

"오늘 꼭 피부관리를 받고 싶어요! 해주세요!"

나는 다시 한 번 정확하게 힘주어 말했다.

"고객님, 저도 관리를 해드리고 싶어요. 하지만 고객님 턱과 볼의 트러블을 보세요. 지금 상태에서는 어떤 관리도 하지 않는 것이 좋습니다. 피부과에서 받고 있는 레이저의 횟수를 줄이시고, 피부가 재생될 수 있는 시간을 줘야 됩니다."

그녀는 피부가 좋아지는 것이 소원이라고 했다. 월급을 받아서 피부 시술에 거의 다 쓴다고 말했다. 피부를 좋게 만들기 위해 노력하고 있지만 오히려 더 나빠진다고 그녀는 울먹이며 말했다. 그녀가 안타까웠고, 시간이 지나면 괜찮아질 거라고 다독여줬다. 그녀는 눈물을 닦으며 물었다.

"원장님, 그럼 언제 피부관리를 받을 수 있을까요?"

"피부과 시술 간격을 2~3주에 한 번씩 하고, 병원 시술이 끝난

뒤, 피부가 쉴 수 있는 시간을 주세요. 그리고 한 달 뒤에 우리 숍으로 오세요! 피부는 좋은 상태에서 관리를 받아야 효과가 있습니다. 6개월 정도 지나서 오시면 되겠네요."

그녀는 우리 숍에서 쓰고 있는 화장품을 사려고 했다. 나빠진 피부를 호전시키려는 모습이었다. 하지만 나는 화장품 또한 권유하지 않았다. 지금 피부상태에서는 화장품 선택이 그리 중요하지 않았다. 나는 소신껏 말했다.

"고객님이 쓰는 미스트가 우리 숍에서 사용하는 미스트와 같아요. 건조하지 않게 수시로 미스트를 뿌리세요. 나중에 피부 상태가 좋아지면 그때 구매하시면 되요."

"원장님, 보통 피부숍은 제게 시술 권유나 화장품 구매를 강요하는데, 원장님은 다르네요. 그래서 믿음이 가요. 나중에 꼭 올게요."

손상된 피부는 수분부터 채워야 하기에 나는 가장 기본인 미스트를 권했다. 그녀의 경우, 피부 기본이 무너진 상태라 화장품과 관리가 도움이 되지 않았다. 피부가 재생될 수 있는 시간을 주고 피부 스스로의 턴오버 주기를 맞추는 것이 우선이었다. 그녀의 피부 상태라면 어떤 관리를 해도 더 나쁜 상태가 될 수 있었다. 수분도 부족하고, 피부가 얇아져 예민해진 상태였다. 그녀는 레이저가 맞지 않는 피부였다. 레이저가 안 맞으면 하지 않아야 하는데, 악순환의 고리를 왜 끊지 못하는지 답답했다. 뾰루지가 나거나 가렵고, 홍조를 띠는 등의 명현(瞑眩) 현상도 호전반응이 아니었다. 그녀는

20대였지만 피부 나이는 50대같이 보였다.

굳이 레이저를 한다면 일주일에 한 번은 너무 이르다고 본다. 적어도 2주 이상이 지나야 하고, 자신의 피부 상태를 확인하고 주기를 늘리는 것을 추천했다. 마냥 레이저만 쏘고 피부 상태를 보지 않는다면 속피부가 위험해질 수 있는 상황이었다.

이틀이 지난 후, 그녀에게 전화가 왔다. 미스트만 뿌렸는데, 얼굴이 뒤집어졌다고 했다. 그녀의 피부는 손상되었기 때문에, 수분도 흡수하지 못하는 상태가 되었다. 나는 피부과 시술을 받았냐고 물었다. 그녀는 내가 관리를 해주지 않자 곧장 레이저 시술을 받으러 갔다고 했다. 더 이상 피부 상담을 할 수가 없었다. 분명 나는 시술 간격을 늘리고, 피부를 쉬게 하라고 말했기 때문이다. 레이저 시술을 한 병원에 가서 진지하게 상담해보라고 권유했다. 자신에게 어떤 레이저를 쏘는지도 모른다고 했다. 병원 탓만 하는 그녀도 문제가 있어 보였다.

적어도 자신의 피부에 어떤 종류의 레이저를 쏘는지는 알아야 하지 않을까? 아무것도 모르고 있으니 병원에서는 알아서 한 것이다. 하지만 그녀는 자신에게 쏜 레이저의 이상 반응을 알리고 개선을 요구해야 한다. 병원은 레이저를 쏘면, 더 이상의 것을 할 수 없다. 레이저는 한계가 있어 복구가 어렵다. 그래서 자신의 피부가 얇고 예민하면 레이저를 하지 말아야 하고, 피부가 두꺼운 사람은 레이저가 가능하다고 볼 수 있다. 그런데도 보통 대부분의 사람은 예쁜 피부를 위해 레이저 시술을 제일 먼저 선택한다. 하지만 자신의 피부 상태를 제대로 알고, 어떤 시술이 맞는지 충분히 알아보고 선택해야 한다.

지인 소개로 40대 초반의 여성이 우리 숍에서 커피를 마시는 시간을 가졌다. 그녀는 피부 때문에 고민해 내가 아는 지인의 소개로 상담차 방문한 것이었다. 나는 그녀의 피부를 보고 화들짝 놀랐다. 그녀는 답답한 마음을 토로했다.

"제가 젊을 때부터 20년간 레이저만 했어요. 시간이 지날수록 잡티는 없어졌지만, 탄력을 완전히 잃었어요. 피부가 두부처럼 됐어요. 턱이 가장 탄력이 없어요."

나는 순간 그녀의 피부상태를 보고 할 말을 잃어 한참 그녀의 피부를 살피고 있었다. 나는 정확한 피부 상태를 말했다.

"아니, 이렇게 되기 전에 레이저를 쏘지 말았어야 해요. 탄력이 전혀 없어요. 속피부는 엘라스틴과 콜라겐이 무너진 상태예요. 저도 어떻게 해야 할지 고민이 되네요. 정확한 사실은 레이저를 그만 쏘아야 한다는 겁니다."

"피부만 보면 속상해요. 잡티를 잡으려다 탄력을 잃었어요. 어떻게 해야 될까요?"

"솔직히 말해서 고객님의 피부 상태로 제게 피부관리를 받아도 좋아진다고 볼 수 없어요. 갈바닉은 탄력이 좋은 피부가 효과가 더 좋아져요. 그래서 나이와 상관이 없습니다. 피부 나이보다 탄력의 정도에 따라 결정되는 관리라고 할 수 있습니다. 고객님 피부는 탄력이 많이 좋지 않아 갈바닉도 그닥 효과를 보지 못할 수도 있어요."

나는 지금 상태를 그녀에게 최대한 정확하게 진단하며 말했다. 그녀는 자기 턱이 두부 같다고 했지만, 내가 보기엔 순두부처럼 흐물흐물해 보였다. 40대 초반이지만, 피부 나이는 70대 노인 같았다. 내가 봐도 그녀가 고민할 만하다는 생각이 들었다. 잡티가 전혀 없어 백지장 같았지만, 깨끗한 피부가 눈에 들어오지 않았다. 탄력이 받쳐주지 않아 하얀 피부는 의미가 없고, 예뻐 보이지 않았다. 나는 그녀에게 속피부에 수분이 채워질 수 있는 화장품을 추천했다. 그리고 피부관리에 대해서는 내가 확신을 주지 않자 그녀는 머뭇거렸다. 나는 그녀의 피부가 좋아질 수 있다는 말을 쉽게 할 수 없었다. 피부 상태를 보고 나도 속상했지만 피부관리에 대한 확신을 줄 수는 없었다. 단지 그녀는 자신에게 맞지 않는 관리를 한 잘못밖에 없었지만 결과 또한 자신이 책임져야 했다. 그 상태로 계속 자신의 얼굴을 보면 후회할 것이다.

자신에게 맞는 관리를 선택하는 것도 능력이다. 무조건 한 가지 관리만 20년 하는 것은 무리가 있어 보였다. 탄력이 무너지기 전에 자신에게 어떤 관리가 적절한지 찾아서 그 시기에 맞는 관리를 할 타이밍을 놓친 것이 아쉬웠다. 내가 만약 그녀라면 미백이 중요하

다고 생각이 들면 1년에 10회 정도 겨울에만 관리하고, 다른 계절
은 내게 맞는 화장품으로 노화를 줄일 수 있는 방법을 선택했을 것
이다. 그리고 피부숍에서 2주에 한 번 주기적으로 피부관리를 했더
라면 지금 피부처럼 되지 않았을 것이다.

　요즘 피부 의원은 의사가 아닌, 상담 실장이 고객 피부를 보고
시술을 선택한다. 이런 상황은 무엇인가 잘못된 것이 아닐까? 의사
가 고객의 피부 상태를 보고, 어떤 시술이 피부에 적합한지 결정해
야 된다. 그러나 직원인 상담 실장이 고객 얼굴을 보고, 시술을 결
정하고 있는 셈이다. 의사와 상담할 수 없는 시스템이다. 의사 얼
굴을 볼 수가 없다. 그리고 의사는 고객 피부를 모르는 상황에서 시
술만 하고 있는 셈이다. 의사는 환자가 누워 있는 모습으로 레이저
만 쏘고, 피부에 대해 상담하고 결정하는 것은 상담 직원이 하는 것
이 가장 큰 문제라고 본다. 피부과는 너무 상업적으로 변질되어 병
원처럼 느껴지지 않고 공장 같은 느낌이 드는 현실이 아쉽게 느껴
진다. 적어도 직접 피부를 만져보는 사람이 상담을 해야 고객의 진
짜 고민이 해결된다고 생각한다.
　나는 피부과 레이저 시술을 하지 않는다. 내 피부는 얇고, 모세
혈관 확장성 피부이기 때문이다. 그래서 레이저를 쏘고 나면, 트러
블과 함께 빨갛게 되고, 더 많은 기미가 올라온다. 가장 큰 문제는
건조하고, 잔주름이 생긴다는 것이다. 속피부는 수분이 부족해지

면, 주름이 생긴다. 피부는 수분과 영양이 부족하면 건조해지기 때문이다.

50대 후반 여성이 상담실에 들어왔다. 그녀는 속상해 하며 말했다.

"원장님, 제가 정신없이 살다 보니, 거울을 보지 않아요. 그런데 어느 날, 처진 피부를 보고, 피부관리를 받아야겠다는 생각이 들었어요. 원장님, 얼굴이 칙칙하고 어두운데 어떻게 해야 할까요?"

"고객님, 피부에 수분이 부족해 보여요. 비유하면, 속피부는 가뭄이고, 겉피부는 지진이 난 것과 같아요."

피부는 각질이 쌓이면 건조해지고, 칙칙하며 심해지면 황반과 흑반 현상이 나타난다. 속피부는 수분과 영양이 있어야 피부에서 빛이 나기 때문이다.

그녀는 한숨을 쉬며 말했다.

"옛날에는 몰랐는데, 요즘은 피부에서 빛이 나는 여자가 부러워요."

나도 대답했다.

"우리 나이에는 눈, 코, 입 예쁜 게 의미 없어요. 나이를 먹을수록, 피부가 깨끗하고, 빛나는 사람이 고급스럽고 우아해 보이죠!"

그 고객은 요식업을 하는 분이었다. 매장에 히터를 틀고 있자면, 얼굴이 너무 건조해 당긴다고 했다. 히터가 없는 곳에서 휴식을 가지고, 수시로 미스트를 뿌린다고 했다. 그녀는 속피부 건강을 위해, 갈바닉 부분 성형관리와 주름 근막 제거 관리를 매주 받았다. 처음 피부관리를 받았을 당시, 그녀의 피부는 칙칙하고 어두웠지만, 매주가 지날 때마다 피부 톤은 밝아지고 있었다. 그녀는 맑아지는 피부에 만족했다. 조금씩 속수분이 채워지고, 건조함이 없어지기 시작했다.

여자들은 외모의 작은 변화에도 행복을 느낀다. 그중 피부가 좋아지면 자신감을 가지게 되고, 모든 일이 즐거워진다. 그래서 피부가 가장 중요하다. 속피부부터 빛나는 얼굴은 건강해 보이기 때문이다. 다시 말하지만, 속피부가 건강해야 빛이 난다. 피부는 겉피부와 속피부가 존재한다. 겉피부는 0.2mm 정도의 피부 껍질인 표피이다. 표피 위에 있는 각질층은 각질이 잘 떨어져야 한다. 각질 탈락 후, 피부 장벽이 튼튼할 수 있도록 충분한 수분을 줘야 한다. 마른 땅에 꽃이 필 수 없는 것과 같다고 본다.

표피는 2가지 구멍이 있다. 표피 구멍으로 물과 기름이 나오며, 흔히 '개기름'이라고 부른다. 표피에서 나오는 개기름은 피부 보호막의 역할을 하며 외부에서 침투하는 오염을 막고, 유·수분 밸런스를 조절한다. 우리는 약산성인 상태에서 태어나기 때문에 그 약산성을 유지해야 피부 보호막이 형성된다. 피부는 수분과 영양이 부족하면 건조해진다. 건조한 피부는 속피부가 건강하지 않기 때문이고, 그래서 빛이 나지 않는다.

속피부는 진피층의 건강에 따라 좌우된다. 진피는 교감신경, 부교감신경이 지나가고, 혈관과 림프가 있어 표피에 영양분을 공급하는 곳이다. 피가 흐르는 진피에 탄력을 높이려면, 엘라스틴을 만들어야 하고, 주름을 없애려면 콜라겐을 형성해야 한다. 콜라겐과 엘라스틴의 형성, 충분한 영양, 그리고 운동과 건강이 서로 연결되어 있다. 속피부의 건강을 위해 물을 하루에 2L 정도 섭취해야 한다. 수분이 부족하면 장기에 있는 수분을 뺏기 때문에 몸에 이상 신호를 느끼게 된다. 이상 신호는 몸 건강과 피부 건강에도 영향를 끼친다. 몸이 건강하면 피부도 좋아지는 것은 당연한 것이다.

우리는 항상 피부의 건조함을 줄이는 환경을 만드는 데 신경 써야 한다. 자신의 피부 상태를 알고, 자신에게 맞는 피부관리를 선택하는 것 또한 중요하다. 그리고 진피에 충분한 영양과 수분을 주면 속피부는 건강해지고, 자연스럽게 빛이 나게 된다. 당신은 건강하고 빛이 나는 피부를 위해 어떤 노력을 하는지, 진지하게 생각해 보기를 바란다.

속피부도 공부가 필요하다

57세 중년 여성이 상담실을 찾아왔다. 그녀는 상담실에 들어오자마자 배가 고프다고 했다. 상담실 데스크에는 약간의 간식이 준비되어 있다. 그녀는 그 간식거리를 보며 "원장님, 빵 먹어도 되나요?"라고 물었다. 그러곤 빵을 먹기 시작했다. 나는 "커피랑 천천히 드세요. 저는 화장실에 다녀올게요. 편하게 드세요"라고 말한 후, 초면인 손님이 미안해 할까 봐, 잠깐 자리를 비켜주었다. 나는 그녀에게 따뜻한 커피를 건네고 천천히 화장실을 다녀왔다.

나는 그녀에게 "마스크를 벗어보실까요?"라고 주문했다. 그러자 그녀가 마스크를 벗었다. 나는 그녀의 얼굴을 자세히 살펴보았다. 그러면서 "고객님, 목이 아프세요? 아님, 얼굴 주름이나 윤곽 때문에 오셨나요?"라고 물어보았다. 그녀는 "90일 전에 실 리프팅을 했어요. 리프팅 후유증으로 엄청나게 고생했죠. 부기가 안 빠진데다, 그 자리에 통증이 있어서 힘들었어요"라고 대답했다.

그러고 나서 그녀는 슬슬 본색을 드러냈다. 자기 이야기만 하고 내 말을 듣지 않았다. 내 말이 끝나기도 전에 말을 자르기 일쑤였다. 나는 "고객님, 그럼 리프팅 수술에 만족하셨나요?"라고 물어보았다. 그녀는 "고생만 하고 좋아진 걸 모르겠어요. 병원에서 6개월이 지나야 좋아진다고 했으니 좋아지겠죠!"라고 대답했다. 나는 "제가 고객님 얼굴을 보니, 옆 광대가 커져 있고, 입술 근육이 발달해 입술이 튀어나와 있습니다. 그리고 얼굴 윤곽이 매끄럽지 않고 처져 있네요"라고, 그녀의 얼굴 상태를 정확히 지적해주었다.

이에 그녀는 "아니, 제가 ○○○를 몇 년을 다녔는데 변화가 없었어요. 원장님 기술이 아무리 좋아도 한 번에 좋아질 수가 있나요? 나는 그런 피부관리를 믿을 수가 없네요"라며, 내 속을 긁기 시작했다. 믿지도 못하면서 우리 숍에 왜 왔는지 알 수가 없었다.

나는 "우리 숍에서는 일반적인 피부관리 대신, 제가 연구한 기술로 프로그램을 만들었어요. 기본관리, 갈바닉 부분 성형관리, 갈바닉 전체 성형관리가 있습니다. 특히, 얼굴 주름 근막 제거가 전문입니다. 고객님이 원하시는 관리를 선택하시면 됩니다. 원하시는 프로그램이 있을까요?"라고 화를 누르며 말했다. 그녀는 이 짧은 몇 마디가 끝나기까지, 몇 번이나 나의 말을 자르고, 자기 말만 되풀이했다. 그녀와 대화한 지 30분이 지났는데도 결론이 나지 않았다. 피부관리를 해주는 것보다 더 힘들었다. 더는 대화가 안 되겠다는 생각이 들었다.

　내가 더욱 화가 난 이유가 있었다. 그녀는 예약한 전날에 전화를 걸어와서는 "원장님, 혹시 오늘 4시로 예약 변경 가능할까요?"라고 물었다. 나는 "고객님, 그럼 4시에 오세요"라고 스케줄을 변경했다. 나는 예약 시간을 지키기 위해서 급하게 운동을 마쳤다. 그런데 갑자기 그녀에게서 다시 전화가 왔다. 그녀는 "원장님, 제가 버스를 방금 놓쳐서 4시까지 도착할 수가 없어요. 혹시 4시 반까지 가도 되나요?"라고 물었다. 나는 "고객님, 오늘 6시에 다른 예약이 있어서 4시까지는 오셔야 합니다. 아님, 원래 예약한 날에 오세요!"라고 말해버렸다. 그녀는 "네, 원래 예약한 날에 갈게요"라고 말하며 전화를 끊었다.

　나는 어제 그녀의 행동과 오늘 그녀의 행동을 보고 생각했다. 버스를 탈 생각이었으면, 버스를 놓칠 수도 있으니 조금 일찍 나왔어야 했다. 그리고 오늘 피부관리를 받으러 왔으면 내 말을 끝까지 듣고, 자신이 원하는 것이 무엇인지 확실히 내게 말해줘야 했다. 그런데 그녀는 자신이 원하는 바를 정확히 모른 채 그냥 우리 숍에 와서 횡설수설했을 뿐이다.

　나는 그녀와의 대화에 피곤함을 느꼈다. 피부관리를 받으러 숍에 왔으면, 자신이 원하는 피부 상태와 원하는 것을 나에게 요구하면 된다. 이전에 다녔던 피부숍을 비난할 필요도 없고, 내 상담 내용을 잘 듣고, 자신이 원하는 피부관리를 선택하면 되는 것이었다.

나는 그녀에게 "고객님, 우리 숍은 다른 곳과 다릅니다. 원장인 제가 직접 갈바닉 성형관리 프로그램을 개발했습니다. 그래서 속 피부를 채워주는 갈바닉 관리와 얼굴 근육을 이완시키고, 센 근막을 끊어 주름을 제거하는 기술을 보유하고 있습니다"라고 말해주었다. 이 말을 할 때도 그녀는 자꾸 내 말을 자르고, 부정하려고 했다. 뒤에 예약이 없어서 최대한 받아주려고 했지만, 그녀는 내 기술을 인정할 수 없다는 표정이었다. 그녀가 어떤 피부관리인지 선택만 하면, 나는 곧바로 시술에 들어갈 수 있었다. 하지만 그녀의 이해할 수 없는 행동과 말에 나는 진이 빠지고 있었다. 내 말을 자꾸 자르는 바람에, 결론 없이 계속 같은 말만 되풀이하고 있었다.

그러다 갑자기 그녀는 "원장님, 1회 가격이 비싸네요. 저는 1회 가격을 10회 가격으로 알고 있었어요. 전화 상담 때 그렇게 들었어요"라고 주장했다. 나는 "고객님, 저는 그렇게 말한 적이 없습니다. 우리 숍은 1회 가격이 비싸고, 10회 가격이 가장 저렴합니다. 1회만 관리받는 고객이 거의 없고, 10회 관리를 받는 고객이 많아서입니다"라고 화를 참으며 말했다.

그녀는 가격 문제로 그렇게 또 10분 이상 말하고 있었다. 다른 피부숍은 1회 체험비도 저렴하다고 했다. 그러면서 1회 피부관리를 받고, 마음에 들지 안 들지, 어떻게 알 수 있냐며 내 속을 긁기 시작했다. 나는 너무 화가 나기 시작했다. 그녀는 자신의 말에 확신도 믿음도 없었다. 나는 그녀가 무슨 말을 하는지 알 수 없었다. 싫으면 그냥 가면 되지, 왜 저러는지 이해가 되지 않았다. 그녀는 다른 곳과 비교만 하고, 진짜를 보지 못하는 것이었다. 나는 답답한 마음이 들었다.

그녀의 피부관리를 하고 싶은 마음이 사라졌고, 그냥 최대한 좋게 해서 보내야겠다고 생각했다. 솔직히 한 대 쥐어박고 싶은 심정이었다. 그녀에게 "당신, 나잇값 좀 하세요! 남의 영업장에서 지금 뭐하는 겁니까. 넋두리는 당신 가족한테나 하세요!"라고 내뱉고 싶었지만 참았다. 나의 말을 끝까지 듣지 않고, 끊어버리고, 말꼬리를 물고 부정하는 그녀와의 실랑이에 그만 지쳐버렸다.

나는 그녀에게 "오늘은 피부관리가 안 되겠습니다. 얼굴에 리프팅한 것도 걱정되시고, 가격도 잘못 알고 왔으니, 잘 생각해보고 다음에 오세요!"라고 단호하게 말했다. 화를 참으며, 기분 나쁘지 않게 말하려고 애썼다. 그녀는 "아니, 제가 지금 피부관리를 선택하려고 하는데, 원장님, 왜 그러세요?"라고 격앙된 목소리로 말하는 것이었다. 나는 "저는 무리한 관리는 하지 않습니다. 리프팅과 필러를 한 부위가 걱정되고 염려되시는 것 같으니, 피부관리를 하지 않는 것이 좋겠습니다!"라고 받아쳤다. 그녀는 "네, 그럼 6개월 지나서 다시 올게요"라고 말하며 나가는 것이었다. 나는 너무 화가 났고, 소금이라도 뿌리고 싶은 심정이었다. 그녀가 다시 찾아온다고 해도 받지 않을 것이다.

그녀는 기본적인 예의가 없었다. 전날 시간을 어긴 것도 그렇고, 자신의 얼굴에 자신이 있으면, 우리 숍에 오지 말았어야 했다. 내가 자신 있게, 피부관리를 통해서 성형관리를 할 수 있다고 말하면 믿어야 했다. 믿지 못하겠으면, 적어도 네이버에서 정스킨 동탄 1호점을 검색해 기본적인 정보쯤은 알고 왔어야 했다. 네이버를 검색하면, 우리 숍의 관리 내용과 고객의 평가가 뜨기 때문이다.

우리는 누구나 나이를 먹는다. 피부도 늙고 몸도 늙는다. 당연한 것이 아닌가? 사람들 대부분은 노력하지 않고 쉽게 얻으려고 한다. 쉬운 방법으로 수술만 하면, 피부가 좋아질 거라고 착각한다. 비싼 돈을 들여 투자한 만큼, 분명 피부가 좋아질 거라고 믿는다. 우리 숍에 오는 고객의 70%는 피부 진피에 실과 필러를 주입한 분들이다. 아무것도 하지 않은 사람을 찾아보기가 힘들 지경이다.

진피에 인공의 것이 들어가면, 진피는 상처를 입는다. 상처를 입었기 때문에 그 부위의 탄력을 잃는다. 가만두어도 탄력을 잃는 판에, 상처 입은 진피가 이물질과 같이 공생해야 하기 때문이다. 당연히 힘든 피부는 늘어지고 노화가 가속화된다. 또한, 피부 속에 이물질이 딱딱하게 변하게 되며 뼈에 붙어 있어야 하는 피부는 떠 있는 상태가 된다. 받쳐주지도, 붙어 있지도 않은 상태로 힘없는 피부가 처지는 것은 당연한 일이다.

사람들은 이런 일들이 자신의 얼굴에서 나타날 수 있는 것을 인지하지 못한다. 남들이 하니깐, 아무 생각 없이 따라 하다 보면, 잘못된 결과지를 받아 들고 자신의 얼굴에 불평불만만 많아지게 된다. 그러곤 엉뚱한 곳에 가서 화풀이하고, 자기 말만 하고, 핑계와 이유만 대는 사람으로 전락하게 된다. 병원에서 시술을 했다는 안도감에 빠지게 되면 안 된다. 한번 해보고 아니다 싶을 때 그만두어야 한다. 그래서 피부 진피에 무엇인가를 집어넣는 시술은 피해야 한다. 그 결과로 노화진행이 빠르게 얼굴에서 나타나기 때문이다.

자신의 피부가 원하는 것이 무엇인지 알아야 한다. 자기 얼굴과 피부에 관해 공부해야 한다. 그것이 진정 자신의 속피부를 위하는 길이다. 진짜 피부는 속피부다. 그 속피부라는 것은 진피를 말한다. 그런데 우리는 이 진피를 괴롭히고 있다. 유행처럼 피부관리라는 명목하에 엄청난 기계들과 시술이 범람하고 있다. 그 때문에 정작 우리의 진짜 속피부가 아파하는 실정이다. 그래서 눈으로 보이지만 않을 뿐, 엄연히 존재하는 속피부에 상처를 주면 안 되는 것이다. 상처를 주면 아픈 것이 당연하지 않을까? 지금 당신은 당신의 속피부를 위해 어떤 노력하고 있는가? 진지하게 생각해보기를 바란다.

스트레스는 속피부의 적이다

어느 날 한 여성에게서 전화가 왔다. 우리 숍 광고물을 보고 전화가 왔다.

"정스킨 동탄 1호점, 본점 원장님 맞나요?"

"네 맞습니다. 어디가 불편하신가요?"

"광고물에 있는 내용이 제 이야기 같아서 전화했습니다. 언제 예약할 수 있을까요?"

나는 예약 날짜를 잡아주었고, 그녀는 빠르게 방문했다. 그녀는 속상한 듯 말했다.

"원장님, 제가 30대 초반에 교통사고가 난 이후, 급격히 몸이 나빠졌어요! 경추가 안 좋아져서 결국, 목 디스크 수술을 했어요. 수술 후에도 호전되지 않고, 통증은 지금껏 계속되고 있어요."

그녀는 몸과 마음이 지쳐 있는 듯했다. 나는 상담 후, 그녀에게 맞는 갈바닉 전체 성형관리를 선택해 피부관리를 시작했다. 그녀의 목은 딱딱하게 굳어 있었다. 림프관리를 위해 머리를 오른쪽으로 돌리려는 순간, 그녀의 목이 옆으로 잘 움직이지 않았고, 통증을 호소했다. 목의 상태는 생각보다 심각했다. 나는 최대한 목과 림프를 조심스럽게 관리했다. 나는 그녀에게 질문했다.

"고객님, 목이 많이 불편하시겠어요. 일상생활은 괜찮으세요?"

"옛날에는 젊어서 견딜 수 있었는데, 50대 후반부터 급격하게 몸이 힘드네요."

"고객님, 운동은 하시나요?"

"건강이 좋지 않아서, 운동할 생각이 없었어요. 디스크 이후로 운동은 전혀 안 해요."

그녀는 대답했다. 나는 되물었다.

"고객님, 몸이 안 좋아질수록 운동은 꼭 하셔야 됩니다. 수술 후, 처음부터 몸이 아프지는 않았을 텐데…. 왜 운동을 하지 않았나요?"

"퇴근하고 집에 오면, 아무것도 하기 싫어요. 그리고 몸도 아프니깐, 운동하고 싶은 생각이 없었어요."

"목 디스크 수술을 하고 재활과 함께 꾸준히 운동을 했으면, 지금보다는 건강이 훨씬 좋았을 겁니다. 지금도 늦지 않았어요. 무슨 운동이든지 시작하세요!"

나는 목과 어깨, 림프를 관리하고, 그녀의 얼굴 주름 근막 제거를 위한 관리를 시작했다. 그녀의 얼굴은 문제가 더 심각했다. 필러 주입으로 인해 처짐과 비대칭이 심했고, 해결되지 않는 문제점이 있었다. 팔자주름에 맞은 필러 때문에 얼굴의 비대칭은 심해지고, 입술은 만두처럼 부풀어 두툼했다. 심술보는 팔자주름에 맞은 필러가 코 옆과 입술 위에 딱딱하게 퍼져 있었다. 이 필러는 뼈와 피부를 분리시키기 때문에 힘이 없어진 피부는 처지게 된다. 피부는 뼈에 붙어 있지 않기 때문에 중력의 힘으로 심술보는 더 커질 수밖에 없다. 얼굴이 처지는 것은 당연한 결과라고 볼 수 있다. 그녀 또한 볼이 처져 심술보가 심한 얼굴이 되었다. 처지고 늘어지는 것은 노화 때문이라고 보지만 피부에 주입한 필러로 인해 더 빨리 늙어 간다는 것을 알아야 한다. 이런 사실을 알고 있어야 해가 될 수 있는 행동을 피할 수 있다. '세상에, 나에게 이런 일이 일어날까' 싶었던, 설마했던 일이 일어날 수 있다. 잘못된 선택으로 복구가 어려운 상태가 될 수 있기 때문에 신중해야 한다.

그녀의 얼굴이 비대칭이 된 또 다른 원인은 목 때문이었다. 목이 경직되면서, 자세가 나빠지고, 몸이 비틀어져 있었다. 우리의 몸은 하나가 잘못되기 시작하면, 연쇄적으로 문제가 발생되기 때문이다. 그녀의 몸 또한 그러했다. 목 디스크 수술 후 목과 어깨, 림프 순환, 얼굴, 그리고 건강이상 징후까지 문제점이 많았다. 피부가 갑자기 나빠져서 얼굴이 비대칭이 된 것이 아니라, 나쁜 요인들이 오랫동안 쌓여 얼굴로 나타난 것이라고 볼 수 있다.

그녀의 하관은 많이 비틀어져 있었다. 갈바닉으로 근육을 이완해 근막의 끈을 부드럽게 끊어주었다. 그녀의 얼굴 라인이 한결 부드러워졌다. 그녀의 입술은 잘못된 습관으로 입술 꼬리근이 아래로 처져 있었다. 표정이 안 좋은 사람, 담배를 많이 피는 사람, 입을 크게 벌리지 않고 말하는 사람은 입술 주름의 근육이 발달되어 입술이 튀어나오는 현상이 나타난다. 그 상태로 오랜 시간이 지나면 만두소가 가득한 만두처럼 두툼해지고, 인중도 없어진다. 입술은 많은 주름으로 쭈글쭈글해지고, 윗입술은 아래로 말려들어가 입술이 작아진다. 그녀는 불만을 토로했다.

"원장님, 입 때문에 너무 스트레스 받아요. 양악 수술을 하려고 병원 상담도 받아보았는데, 수술해도 큰 효과를 보지 못한다고 했어요. 너무 속상해요."

내 생각으로도 그녀의 양악 수술은 큰 효과가 없어 보였다.

그녀는 일주일 후, 피부관리를 받기 위해 재방문했다. 그녀는 속상한 듯 말했다.

"원장님, 오늘 너무 스트레스를 받아서, 속상해 미칠 것 같아요."

"회사에서 무슨 일 있으셨나요?"

"회사 직원이 나보고 '마기꾼'이라고 했어요. 마스크를 쓰고 있으면 예쁜데, 마스크를 벗으면 화들짝 놀란다고요. 마스크 쓸 때와 벗을 때 얼굴이 사기꾼처럼 너무 다르다는 건데, 화가 나서 참을 수가 없어요."

그녀는 격앙된 목소리로 말했다. 많은 스트레스를 받고 있었다. 그리고 소리치듯 말했다.

"저녁 식사 자리에서 남자 동료가 여자 나이 50세가 넘으면 할머니라며, 자신의 고등학교 여자 동창생들도 많이 늙었다고 나한테 이야기하는데, 너무 기분 나빴어요. 내 나이도 50이 넘었는데, 나도 할머니겠네요? 진짜 짜증나요!"

나는 화가 난 그녀의 마음을 달래주었다. 그녀는 줄곧 화가 나 흥분된 상태였다.

코로나로 인해, 우리는 마스크를 쓰고 일상생활을 한다. '마기꾼'은 마스크와 사기꾼을 합쳐서 부르는 신조어다. 마스크를 썼을 때와 벗었을 때 얼굴이 너무 다를 때 쓰는 말이다. 코로나로 인해 유행처럼 많이 쓰이는 말이다. 그녀는 자기 얼굴의 상태를 알기에, 마기꾼이라는 말을 듣고 더 화가 난 것이다. 말한 사람은 농담을 섞어 한 말이겠지만, 그녀는 그 말을 듣는 순간 엄청난 스트레스를 받았다. 여자 나이 50이 넘으면 할머니라는 동료의 말도 그녀에게는 스트레스로 다가왔다. 일반적으로 하는 이야기라고 넘길 수도 있었지만, 자신에게 말한 것처럼 들려 화가 났던 것이다. 그녀는 이렇게 일상에서 수시로 스트레스를 받고 있었다. 시어머니와 같이 살아왔지만, 자신의 마음을 열지 않았고, 숨이 막힌다고도 토로했다.

그녀를 둘러싼 모든 일들이 스트레스로 다가왔고, 그녀는 화를 온몸으로 받고 있었다.

우리의 몸과 마음은 하나로 연결되어 있다. 얼굴이 예뻐지기를 바라는 그녀지만, 무슨 일에도 만족하지 않았다. 긍정적인 생각을 하지 않고, 좋은 이야기보다는 부정적인 말을 많이 했다. 부정적인 말과 행동만 하다 보면 자신이 부정적으로 되어가고 있음을 모른다. 긍정적으로 생각하면 긍적적으로 되고, 부정적인 말만 하면서 행동하면 부정적인 결과를 가져온다는 것을 모른다. 부정적이고 스트레스가 많은 사람은 자신의 잘못을 인정하지 않은 채, 상대방이 하는 말과 행동을 거슬리게 생각한다. 그런 부정적인 생각은 표정으로 표출된다. 얼굴은 늘 피곤하고 처져 있고, 핑계와 이유가 가득하다. 기본적인 생활을 힘들어하고, 이상을 추구할 필요성을 못 느끼는 사람이 된다. 항상 자신만 힘들다고 항변하곤 한다. 이런 생각과 말이 얼굴에서 나타나는 것은 당연하다. 스트레스는 속피부 또한 좋아지지 않게 한다.

몸에서 일어나는 모든 반응은 속피부로 나타난다. 피부도 우리 몸 장기의 한 부분이기 때문이다. 스트레스를 받으면 몸에서 열을 뿜어 뾰로지와 염증으로 나타난다. 이런 염증은 속피부가 빠르게 재생되지 않은 채, 흉터로 남는 것이다. 이런 흉터는 피부를 울퉁불퉁하게 변하게 한다. 운동을 많이 한 사람은 몸에서 열이 나도 근육이 열을 발산하고 흡수하는 능력을 가져 트러블도 적지만, 반대로 지방이 많을 경우 지방은 열을 발산하지 못하고 흡수해 피부 질환에 노출된다. 스트레스를 극복할 수 있는 방법을 스스로 찾아야 한다.

어느 날, 50대 후반의 여성이 상담실을 찾아왔다. 첫인상이 강해 보이는 그녀는 피부관리를 하는 동안 자신의 이야기를 많이 했다. 거친 말투에 정치 이야기를 하며 욕을 멈추지 않았다. 나는 정치에 관심이 없다. 누가 하든 힘든 자리라는 생각을 하기에 누구의 편도 아니다. 그리고 정치 이야기는 함부로 하면 안 된다고 생각하는 것이, 의견이 충돌해 자칫 싸움으로 연결되기 쉽기 때문이다. 그녀는 줄곧 정치 이야기로 자기의 의견을 내세웠지만, 나쁜 이야기를 계속 듣고 있으면 힘이 빠지기에 별로 듣고 싶지 않았다. 그녀의 말에 동요하지 않고 영혼 없이 대답만 했다.

한 달이 지난 후, 그녀에게 전화가 왔다.

"원장님, 오늘 피부관리 되나요?"

"오늘 예약이 다 찼습니다. 예약 가능한 날을 주시면 예약을 잡아드릴게요."

"다음에 다시 전화할게요."

그녀는 예약을 하지 않은 채 전화를 끊었다. 그 후로도 매번 예약은 하지 않고 뜬금없이 전화를 해서 관리가 가능한지 물었다. 직원 없이 나 혼자 피부관리를 하기때문에, 당일 예약은 어렵다고 그녀에게 처음부터 공지한 바 있지만, 그녀는 줄곧 당일에만 전화해 피부관리를 요구했다. 그녀는 몇 달이 지난 후 또 전화가 왔다.

"원장님, 예약이 이렇게 힘들어서 피부관리를 어떻게 받나요? 화가 나 못 참아서 전화했어요."

그녀는 짜증을 내며 불만을 말했다. 나는 침착하게 대답했다.

"저희 숍에 오시는 고객은 모두 미리 예약하시거나, 예약 어플을 이용하십니다. 혹시 원하는 날이 있나요?"

"예약 어플을 사용할 줄도 모르고, 정확한 시간은 나도 알 수 없어요."

"고객님, 다음에는 미리 정확한 날을 주시면 예약해드릴게요."

나는 이렇게 대답했다. 그녀는 자신이 가능한 시간을 정확히 파악하지 못했다. 단지, 그녀는 원하는 대로 되지 않아 화가 난 상태였다. 미리 예약하고 피부관리를 받으면 되는 것인데, 그녀는 자신의 잘못을 모른다. 자기 시간을 정확히 파악하고 예약을 하면 되는 것인데, 그녀는 남의 탓만 하고 불필요한 스트레스를 받아, 소리를 지르고 화를 냈다. 나는 같이 동요되지 않았다. 그녀가 소리칠수록 내 목소리는 더 침착해졌고, 조용히 말했다. 그녀의 행동은 그다지 나에게 중요하지 않아 화를 내지도 기분 나빠하지도 않았다. 그냥 받아주고 빨리 전화를 끊었다. 화가 난 사람과 대화하면 기운이 빠지고 피곤함을 느낀다. 제일 중요한 것은 화가 난 사람은 상대방의 말을 들을 자세가 안 되어 있기 때문에 말할 필요가 없다. 시간이 지나거나 상대방의 화가 누그러지면 조용히 이야기하는 편이다.

스트레스는 만병의 근원이다. 속피부가 좋아지려면, 자신의 스트레스를 다스릴 수 있어야 한다. 나는 스트레스를 받을 때 운동을 한다. 음악을 들으며 얼굴과 몸에 있던 열과 화는 땀으로 배출되어 가벼워진다. 나쁜 생각 또한 떨쳐버릴 수 있게 된다. 마음과 생각이 정리된다. 몸이 힘들어지면 생각은 오히려 명료해짐을 느낄수 있다. 남들은 힘들면 아무것도 하지 않지만, 나는 더 많이 움직이고 활동하며 마지막으로 운동으로 나의 생각을 정리한다. 편협된 생각은 하지 않게 되고, 바르고 심플한 결론으로 나를 이끌어준다.

스트레스는 누구나 받는다. 가족에게, 친구에게, 모든 주변사람들에게 받을 수밖에 없다. 우리는 스트레스를 다스리는 방법을 스스로 찾아야 한다. 보통은 화가 나면 참는다. 그러나 화를 풀 수 있는 방법을 찾아야 스트레스가 줄어든다. 스트레스는 누가 해결해주지 않는다. 운동을 한다든지, 취미 생활을 한다든지, 자신의 마음을 다스릴 수 있는 힘을 가져야 한다. 주변 사람으로 인해 많은 스트레스를 받으면 자신만 힘들어진다. 스트레스는 몸으로, 표정으로, 속피부로 나타나기 때문이다. 스트레스는 속피부의 적임을 알기를 바란다.

속피부가 건강하면 트러블이 없어진다

　40대 중반의 여성이 피부 고민으로 상담실을 찾아왔다. 그녀는 "원장님, 피부가 너무 건조해서 힘들어요. 피부가 가렵고, 트러블이 너무 심해요"라고 속상한 듯 말했다. 그녀의 피부는 이미 노화가 시작되고 있었고, 피부에서 나타날 수 있는 트러블을 모두 가지고 있었다. 그녀는 말했다.

　"피부 고민도 있지만, 탄력이 없어 처진 얼굴도 고민이에요."

　"고객님, 제 생각에는 다른 것보다 피부 건조함 때문이에요. 제일 급한 것부터 먼저 개선되어야 해요."

　"원장님, 그럼 저는 어떤 피부관리를 선택하면 될지 추천해주시겠어요?"

　"우리 숍의 프로그램 중에서 기본관리를 받으시면 됩니다. 건조한 피부를 촉촉하게 만드는 것이 먼저라고 봐요."

나는 그녀의 피부 상태를 정확하게 지적해주었다. 그녀는 인터넷 검색을 통해 우리 숍이 다른 곳과는 차별화된 '갈바닉 성형관리 프로그램'이 있다는 것을 알고 왔다며 단호하게 말했다.

"원장님, 여기는 갈바닉 성형관리가 유명하다고 알고 왔어요. 그걸로 받고 싶어요."

"고객님, 갈바닉 전체 성형관리를 받아보고, 혹시 피부 트러블이 생기면 제게 말씀해주셔야 됩니다."

나는 걱정되는 마음을 안고 말했다. 그녀는 40대지만, 60대의 피부 상태를 갖고 있었다. 건조할 뿐더러, 만성 트러블로 인해 속 피부가 손상되어 울퉁불퉁했다. 그녀도 자신의 피부 상태를 알고 있어, 지금 피부 상태를 그녀에게 강조하지는 않았다. 그녀는 건조함과 잦은 트러블로 예민한 피부였고, 나이에 비해 탄력이 부족해 얼굴 전체가 처져 있었다.

오래 전 팔자주름에 필러 주사를 맞은 것이 가장 문제였다. 코 옆에 딱딱하게 석회화된 필러가 얼굴 전체를 처지게 하는 주요 원인이었다. 그로 인해 볼은 뼈에 밀착되어 있지 않고, 중력에 의해 아래로 처진 얼굴이 되어버렸다. 왼쪽 코 아래로 내려온 필러로 인해 윗입술이 두툼해 보이기까지 했다.

사람들은 보통 얼굴 근육에 대해 자세히 알지 못한다. 얼굴은 수많은 근육으로 얽히고설켜 서로 연결되어 있다는 것을 말이다. 그래서 얼굴 한 부위에 문제가 생기면 다른 부위도 같이 나빠질 수 있다. 특히 팔자주름에 필러를 주입한 사람은 심술보가 심해 시간이 지날수록 얼굴 피부가 처져 노화가 빠르게 진행될 수 있다.

　며칠이 지나고, 그녀는 피부관리를 받기 위해 방문했다. 붙임성도 좋고 상냥한 사람이었다. 나는 나이에 비해 젊어 보여 고객들은 내게 젊음을 유지하는 방법을 자주 물어보곤 한다. 그녀 또한 "원장님, 저도 운동하면 몸이 좋아질까요?"라고 물어보았다. 그녀는 불면증과 만성 피로, 만성 염증이 있어, 늘 피곤하고 지쳐 있었다. 나는 그녀에게 진심 어린 조언을 건넸다.

　"운동을 하면 땀으로 노폐물을 배출하고, 몸에 염증도 줄어들고, 체력도 좋아질 거예요. 인생에서 자신이 가장 중요하고, 자신을 위해 작은 노력이라도 해야 합니다. 피부도 공부랑 같아서 한 만큼 결과가 나와요. 시간 내서 피부에 좋은 것도 하고, 운동도 하고, 그래야 지금보다 훨씬 좋아질 거예요."

　그녀 또한 알고 있었다. 단지, 동기 부여가 되지 않아, 하고자 하는 의욕이 부족했다. 나는 그녀가 피부가 좋아지는 것뿐만 아니라, 몸과 마음을 다스릴 수 있는 힘도 가지기를 바랐다. 그녀는 귀찮고 힘든 일을 피하려고 했고, 몸이 늘 아프고, 힘들다는 생각을 스스로 떨쳐버리지 않았다. 만성 피로와 염증은 그녀를 괴롭히고 있었다.

몇 달 지나 그녀는 운동을 시작했다고 했다. 필라테스와 근력 운동도 병행했다. 그녀는 고기를 먹지 않아 단백질이 부족해 근육 생성이 어려웠다. 그런 탓에 탄수화물에 집착하고, 씹는 느낌으로 스트레스를 푸는 듯했다. 자다가 일어나 과자를 먹다가 잠들기 일쑤였고, 탄수화물 중독처럼 과자만 보면 마구 먹었다. 나는 탄수화물을 줄이라고 조언했지만, 그녀는 탄수화물을 참을 수 있는 의지가 약하다고 했다. 자신의 힘든 상황을 내게 미주알고주알 말해줬다.

그녀와 나는 조금씩 가까워지고 있었다. 시간이 지날수록 그녀의 건강과 피부가 걱정되었다. 서로에게 관심이 많아지고 호감을 가지게 되면서 좋은 것이 있으면 나누고, 서로 챙겨줬다. 우리는 어느덧 친한 친구 사이가 되어 있었다. 평소에 친구가 없던 내게 큰 위로가 되었다.

그녀는 피부관리를 받기 위해 매주 방문했다. 어느 날, 나는 "왜 이렇게 저한테 잘해주세요? 제가 잘해드린 것도 없는데, 항상 저를 생각하는 마음이 느껴져요"라고 물었다. 그녀는 "원장님의 단단한 마음과 건강한 몸이 좋아요. 그리고 외모와 달리 소탈한 성격도 좋아요. 사람을 좋아하는 데 이유가 있나요? 원장님을 보면 그냥 기분 좋아져요"라고 미소를 지으며 대답했다. 나는 "너무 감사해요. 제가 숫자에 약해서 계산을 틀린 것도 개선해주고, 제가 항상 감사한 마음을 가지고 있어요. 똑똑한 친구가 있어 든든하네요"라고 대답했다. 그녀는 서울대학교 출신으로 엘리트였다. 하지만 머리는 좋지만, 자신의 마음을 다스리는 힘이 약했다. 우리는 꽤 달랐다. 나는 4년제 지방대 출신이지만, 오뚜기처럼 넘어져도 다시 일어 날 수 있는 단단한 마음을 가지고 있었다. 그래서인지 서로에게 부 족한 것을 채워줄 수 있는 친구가 되었다. 서로 존칭을 쓰며, 고객 으로 만났지만, 마음을 나누는 사이가 되었다. 그녀는 갈바닉 전체 성형관리 프로그램을 받고, 지금도 단골이 되어, 매주 피부관리를 받고 있다. 평소 친구가 없던 나에게 그녀는 유일한 친구가 되어 주 었다.

피부 트러블은 염증과 스트레스가 원인이다. 피부 트러블을 막 으려면 나쁜 것부터 하지 말아야 한다. 특히 술과 담배는 하지 말아 야 된다. 몸이 산성화되면 피부 트러블로 나타나기 때문이다. 속피 부가 건조해도 수분 흡수가 되지 않아 트러블이 생길 수 있다. 속피 부의 건강을 위해 건조하지 않도록 피부에 충분한 수분을 공급해줘 야 한다. 수분 부족이 원인이기 때문에 수분 섭취가 우선이다. 그 녀는 수분 미스트를 몇 달 동안 5통 이상 뿌리면서 보통의 피부로 개선될 수 있었다.

결혼을 앞두고 있던 20대 여성이 숍으로 찾아왔다. 그녀는 얼굴 에 트러블이 많았다. 고등학교 때부터 여드름 피부로 고생했다는 그녀는 두 달 후, 결혼하는데 피부 트러블 때문에 속상하다고 막을 수 있을지 물었다. 나는 피부관리에 대해 자세히 설명했다.

"좋아질 수 있어요. 우리 숍 프로그램에 진피관리가 모두 포함되어 있어요. 진피에 있는 찌꺼기를 빼주고, 충분한 영양을 넣어주면 트러블이 완화됩니다. 한번 믿어보시고 피부관리를 받아보세요. 그런데 결혼이 아니면, 갈바닉 기본관리를 하면 되지만, 결혼을 앞두고 있으니 갈바닉 전체 성형관리를 추천해드려요."

"원장님이 추천하는 피부관리로 할게요. 잘 부탁드릴게요."

그녀는 갈바닉 전체 성형관리를 매주 받았다. 몇 주 후, 그녀는 기분 좋게 말했다.

"원장님, 피부관리 3회 차부터 피부가 맑아지고, 트러블이 줄어들고 있어요. 남편과 지인들이 달라진 제 모습을 알아봐요. 피부가 좋아져서 너무 좋아요. 감사해요."

그녀는 결혼식 때 찍은 사진을 보여주며 기뻐했고, 하객들에게 예뻐졌다는 말도 들었다고 했다. 만족하는 그녀를 보고 나도 기분이 좋았다.

우리 피부는 솔직하다. 몸에서 나타나는 징후가 피부로 드러난다. 건강한 속피부는 트러블이 없다. 왜냐하면 근육이 많고 건강하면, 근육이 스스로 열을 소유하고, 발산할 수 있는 능력이 있기 때문이다. 하지만 피부 트러블이 생기는 원인은 소실된 근육에 지방이 자리 잡게 되는 것이다. 그 지방은 많은 열을 갖고 밖으로 나가지 못하게 막기 때문에, 피부에 열이 오르게 된다. 그 열은 피부 질환으로 나타나며, 트러블이 생기게 된다. 몸에 중금속이나 바이러스가 들어오면 두드러기로 나타나고, 큰 독소나 염증은 뾰루지로 피부에 나타난다. 그렇기에 트러블을 없애려면 속피부가 건강해야 된다. 꾸준한 운동으로 건강한 근육을 만들고, 몸속에 있는 독소나 찌꺼기를 배출해 지방을 줄여야 한다. 피부 트러블과 스트레스에는 운동이 보약이라고 생각한다. 여러분도 트러블을 없애고, 속피부 건강을 위해 무엇을 해야 할지 생각하기를 바란다.

해독 작용이 없는 피부, 노폐물을 배출하라

　우리 숍은 피부관리뿐만 아니라, 네일, 속눈썹, 왁싱 등 그 분야의 베테랑인 전문 원장님이 직접 관리하는 토털뷰티숍으로 운영되고 있다. 여자가 예뻐질 수 있는 모든 관리가 준비되어 있는 숍이다.

　어느날, 네일 부스에서 남자 고객이 발 각질 케어를 받고 있었다. 네일 원장님이 나를 불렀다.

　"피부 원장님, 여기 계시는 남자 고객님께서 피부 상담을 원하시는데, 부탁드려요!"

　나는 휴식 타임을 가지고 있어 상담이 가능했다.

　"고객님, 혹시 목이랑 어깨가 불편하신가요?"

　나는 남자 고객의 나쁜 건강 상태가 보였다. 나쁜 자세로 인해 목과 어깨의 경직과 통증이 수반되어 몸은 지쳐 보였다. 피부는 각질이 많아 황반 현상까지 있었고, 가장 큰 문제는 혈액순환이 되지 않아 림프가 막혀 있는 것이었다. 비만으로 성인병도 걱정이었다.

그는 마음이 답답하다는 듯이 말했다.

"피부 원장님이시죠? 제 몸은 총체적 난국입니다. 목과 어깨 통증이 가장 힘들어요. 잠을 잘 수 없을 만큼 불편해요. 직장 생활이 힘들어 퇴사하고, 지금은 택시 운전을 하고 있는데 생활이 불규칙해요. 장시간 같은 자세로 운전하다 보니 소화도 안 돼요. 운전을 처음 시작할 때는 목과 어깨가 조금씩 아프기 시작하다가 지금은 통증이 심해서 일상생활이 불편할 정도예요!"

"고객님, 말씀 안 하셔도 육안으로도 불편함이 보이네요. 오랜 시간 동안 피로와 염증이 누적된 것 같아요. 몸은 약한 부위의 통증부터 시작해요. 가장 급하고 안 좋은 곳부터 개선해야 될 것 같아요. 목과 어깨의 근육을 이완시켜 경직되어 막혀 있는 혈을 뚫어야 통증이 없어지고, 몸도 좋아질 거예요. 우리 숍은 남자 피부관리를 받지 않아요. 단, 피부관리를 받는 여성 고객님의 남편과 지인만 피부관리를 하고 있어요. 신원이 확실한 남자 고객만 피부관리를 하고 있는데, 네일 원장님 소개니까 특별히 피부관리를 해드릴게요. 갈바닉 기본관리로 받아보시겠어요?"

"당연하죠. 언제 예약이 가능한가요?"

"고객님, 주의사항이 있어요. 피부관리를 받는 첫날은 많이 아플 수 있어요. 림프 순환을 위해 갈바닉으로 혈자리를 눌러 피하지 방과 근육에 있는 찌꺼기와 노폐물을 배출시킵니다. 근육을 이완시키는 과정에서 약간의 통증이 수반될 수 있어요. 피부관리를 받는 날, 당황하실까 봐 말씀드리는 겁니다. 갈바닉 관리는 근육층까지 들어가서 노폐물의 배출을 돕고, 관리받는 즉시 근육이 이완되어 시원함과 개운함을 바로 느낄 수 있어요. 그리고 숙면에도 도움이 되어, 불면증에도 좋아요!"

나는 다른 피부숍과 차별화되는 관리에 대해 설명했다.

그는 일주일이 지난 후, 피부관리를 받으러 숍을 재방문했다. 고객은 생각보다 림프 순환에 문제가 많았다. 귀밑은 딱딱하게 굳어 있었다. 고객의 림프 순환을 관리할 때, 다른 사람보다 몇 배로 힘들었다. 왜냐하면 림프의 딱딱함은 오래되었고, 순환되지 않았기 때문이다. 이렇게 림프가 막혀 있거나, 쌓여 있는 얼굴은 시간이 지날수록 얼굴이 커지게 된다. 이런 증상뿐만 아니라, 쇄골 안쪽 사각근이 짧아지고 딱딱하게 되면, 목을 좌우로 돌릴 때 불편함을 느낄 수 있다. 남자 고객의 가장 큰 문제는 노폐물 배출이 되지 않는 점이었다. 운동을 해서 갈색 지방을 태워 몸속 찌꺼기와 노폐물을 배출해야 한다. 몸이 건강해져야 피부도 좋아지기 때문이다. 이 고객은 얼굴과 몸에서 순환이 이루어지지 않아서 만성 피로와 염증으로 괴롭웠을 것이다.

최대한 고객의 체내에 있는 노폐물을 배출해야겠다는 생각이 들었다. 림프관리를 할 때, 나는 화들짝 놀랐다. 피부관리를 받는 사람들은 보통 약간의 노폐물이 나오지만, 남자 고객은 누렇고 끈적하게 변한 노폐물이 많이 배출되었기 때문이다. 나는 고객의 몸 상태를 정확하게 지적해주었다.

"고객님, 많이 아프세요? 체내에 독소가 많네요. 귀밑의 근육이 딱딱해 굳어 있고, 목과 어깨근육도 많이 뭉쳐 있어서 다른 사람보다 많은 양의 노폐물이 나오네요. 그리고 고객님, 편두통 있으시죠?"

"원장님, 두통이 엄청 심해요. 왜 그럴까요?"

"고객님, 승모근에 근육이 뭉쳐 있으면 두통이 생길 수 있어요. 승모근이 너무 딱딱해서 물어봤어요."

나는 걱정되는 마음에 이야기했다. 그는 신기한 듯 말했다.

"원장님, 림프관리를 할 때, 아프다고 해서 긴장했어요. 약간 아프지만, 지금 너무 시원해요. 가벼운 느낌이 신기하네요. 어떻게 바로 이렇게 느낄 수가 있죠? 너무 좋아요!"

"고객님, 제가 관리를 통해 하는 건 한계가 있어요. 운동을 꼭 하셔야 됩니다. 건강이 나빠지기 전에 운동하셔야 건강하게 일할 수 있어요. 시간 내서 잠깐이라도 운동을 꼭 하세요!"

나는 답답한 마음에 이렇게 말했다. 고객 또한 느낀 바가 있는 것 같았다.

"오늘 제 몸 상태를 확인하니, 운동을 해야 될 것 같네요. 저를 염려하셔서 하는 말이라는 게 느껴져요. 감사합니다."

그의 피부는 노폐물과 각질로 쌓여 있었다. 갈바닉 진피관리를 통해 노폐물과 각질을 제거하고 충분한 수분과 영양을 주어 촉촉하게 했다. 피부관리가 끝나자 고객은 놀라면서도 한층 편해진 목소리로 말했다

"원장님, 얼굴, 목, 어깨에 어혈이 엄청 많네요. 하지만 목과 어깨가 많이 부드러워졌어요. 목이 편해져서 좋네요."

"어혈은 이틀 지나면 괜찮아지니까 걱정 안 하셔도 되요. 오늘 근육을 이완했기 때문에 무리한 운동이나 일은 피하고 쉬셔야 해요."

그의 얼굴은 발진과 부종으로 호전반응이 나타났고, 체내의 혈액이 일정한 자리에 정체되어 노폐물이 나타나는 증상으로 목과 어깨에 어혈도 나타났다. 하지만 그는 피부관리를 받고 난 후, 혈색이 좋아졌고 피부 톤도 맑아지는 효과가 있었다.

나쁜 물질이 몸 밖으로 나오면 이완반응, 배설반응, 과민반응 등 호전현상이 나타난다. 그중 나쁜 상태에서 본래의 기능으로 회복할 때, 나른함과 졸림을 느끼는 현상의 이완반응이 나타난다. 그리고 해독작용은 체내의 노폐물이 몸 밖으로 배설될 때, 발진으로 배설반응이 나타난다. 마지막으로 신경이나 세포의 복원으로 나타나는

통증과 부종으로 과민반응이 나타난다. 우리의 몸은 노폐물이 배출될 때, 호전반응을 피부로 나타내기도 한다.

특히, 갈바닉 관리는 염증, 뭉친 근육, 통증이 있으면 빨갛게 발진이 올라온다. 피부 밑에서 올라오는 것을 억지로 막을 수도 없고 일부러 만들 수도 없다. 안 좋은 부위에서만 약간의 통증과 함께 발진이 피부로 나타난다. 이것이 갈바닉의 매력이다. 나는 이런 매력에 빠져 연구하게 되었다. 그 결과 나는 갈바닉으로 근육을 섬세하게 만질 수 있다. 그래서 근육의 막도 쉽게 찾아 풀어줄 수 있는 능력을 가지게 되었다. 5년 동안 매일 내 얼굴을 통해 터득한 기술과 근육 공부, 혈 자리 공부를 한 결과다. 남들이 하지 않기에 더욱 매력에 빠졌다. 남들이 하지 않는 길의 남다른 기술과 능력을 가지고 싶었다.

나는 갈바닉 하나로 노폐물을 배출하는 방법도 알게 되었다. 이것은 특히 목과 어깨 통증에 좋은 관리다. 현대인의 고질병 중 하나가 목과 어깨의 통증이다. 잘못된 자세와 근육 수축에 의해 목과 어깨의 통증이 생긴다. 목과 어깨에 있는 근육을 이완해 노폐물을 배출시키면 빠른 효과를 볼 수 있다. 효과 없는 피부관리에 피로함을 느끼는 고객들이 많아지고 있기에 나는 단지, 피부관리를 넘어 노폐물을 배출하는 능력과 얼굴 주름의 근막을 제거함으로써 얼굴이 달라질 수 있는 프로그램을 완성시켰다. 특히, 림프를 순환시키는 것이 관리의 시작이다. 노폐물을 배출하지 않으면 림프에서 쌓여 얼굴, 목, 어깨도 좋아질 수 없다. 피부는 해독 작용이 없기 때문에 갈바닉으로 직접 순환하도록 해 노폐물 배출을 돕는다.

남자 고객은 몇 주 뒤, 숍에서 우연히 만났다. 그는 고마운 마음을 내게 전했다.

"피부 원장님, 제가 피부관리를 받고, 목과 어깨 통증이 없어져서 너무 편해졌어요. 택시 운전을 할 때도 어깨가 가벼우니까 예전보다 일을 많이 해도 힘들지 않아요. 삶의 질이 달라졌어요. 원장님 말대로 시간 내서 하루도 빠지지 않고 운동하고 있어요."

"운동과 식이요법도 같이 하면 몸이 더 가벼워질 거예요. 제 말을 진심으로 들어주셔서 감사합니다."

나는 아무나 할 수 없는 기술이기에 자부심을 느끼고, 고객의 피부와 몸이 좋아지는 모습에 큰 보람을 느낀다. 관리 시간이 길고 힘이 많이 들지만 노력하지 않고 대충 해서는 효과를 볼 수 없다. 그리고 진심을 다해 피부관리를 하고 있는지 고객은 바로 느낀다. 진심은 통하기 때문에 말이 필요하지 않다. 고객은 피부관리를 통해 나의 진심과 정성을 느낄 수 있다고 했다.

우리 피부는 항상 바깥에 노출된다. 또한 다른 장기와 다르게 해독 작용이 없다. 그래서 피부로 독성 물질이나 영양 성분도 그대로 침투한다. 피부에 침투한다고 해서 모두 흡수하는 것은 아니다. 특히 피부는 밖으로 나가려는 성질을 가지고 있어 미생물의 도움 없이는 쉽게 흡수되지 않는다. 하지만 몸속에서 쌓여 있는 독성과 노폐물은 우리 몸의 약한 부분에 염증을 일으켜 통증을 일으킨다. 이렇게 피부는 분해 효소가 없으니 충분한 수분과 운동으로 노폐물을 배출해야 된다.

직접 갈바닉을 통해 피부의 독소와 노폐물을 배출하는 방법 또한 있다. 갈바닉의 특징은 피부관리 시, 고객은 가만히 누워 있지만 갈바닉으로 강제 운동을 시키는 것과 같다. 그래서 운동하면 땀으로 노폐물이 나오는 효과와 같다고 볼 수 있다. 관리를 하고 나면 즉시 효과가 나타난다. 운동을 하고 나면 가볍고 시원함을 느끼는 것과 비슷하다. 몸 안에 있는 독성이나 노폐물을 배출하면 순환이 원활해져 피부가 건강해진다. 해독 작용을 하지 못하는 피부를 위해 노폐물을 배출하는 노력을 하길 바란다.

내 피부에 맞는 화장품 선택 기준을 바꿔라

    30대 초반의 여성이 상담실에 찾아왔다. 그녀는 여드름이 심해 보였다. 그녀는 속상하다는 듯 물어왔다.

    "원장님, 저는 고등학교 때부터 여드름이 심해 고생했어요. 지금은 그때보다 덜하지만 여드름과 악연의 고리를 끊고 싶어요. 좋아질 수 있을까요?"

    "고객님, 여드름은 한 번에 좋아지기 힘들어요. 저를 믿어보세요. 여드름이 차차 좋아질 수 있게 피부관리를 해볼까요?"

    "고등학교 때부터 피부과에서 여드름 압출은 많이 했어요. 흉터만 더 남아서 속상해요. 지금은 피부가 성인 여드름이 되어 괜찮아지다가 한 번씩 뒤집어져요. 그런데 원장님 피부를 보니까 예술이네요. 피부는 저보다 젊어 보이세요. 너무 부러워요. 저도 원장님처럼 될 수 있을까요?"

그녀는 내 피부를 뚫어지게 보며 말했다.

"원장님, 마스크 벗고 얼굴 한번 보여주세요?"

그녀는 내 얼굴을 확인하고 싶어 했다. 왜냐하면 네이버나 인스타그램에서 내 정보를 알고 왔기 때문이다. 숍을 찾는 고객마다 마스크를 벗어보라는 이야기를 많이 하는 편이라, 마스크를 편하게 벗었다.

"원장님, 피부가 정말 깨끗하네요. 피부 결도 곱고 주름도 없어요. 제게도 비법을 알려주세요. 아니, 원장님 더 이상 상담은 필요 없어요. 가장 인기 있는 프로그램으로 선택할게요."

그녀는 단호하게 말했다. 그리고 가장 인기 있는 갈바닉 전체 성형관리를 받았다. 그리고 자신은 어릴 적부터 마사지를 줄곧 받았기 때문에 잘 견딘다며 요즘 피부숍은 너무 약해서 마음에 안 든다고 했다. 또한 시원하지도 않고, 효과가 없는 게 더 짜증난다고 했다.

그녀는 두 시간 동안 피부관리를 받고 만족해했다. 피부뿐만 아니라 얼굴이 달라지는 것 또한 느꼈기 때문이다. 그녀는 피부관리를 많이 받아봤기 때문에 다른 숍과의 차이점을 바로 알았다.

"원장님, 기술이 대단하세요. 저도 마사지를 많이 다녀봤는데, 갈바닉 기계 하나로 성형관리가 되는 기술은 처음이에요. 원장님한테 한번 받으면 다른 피부숍은 못 가겠어요. 원장님, 관리 기술에 감동받았고, 신세계를 경험했어요. 진짜 최고예요!"

그녀는 엄지를 척 올리며 말했다. 나는 자신 있게 대답했다.

"고객님, 제가 제 얼굴을 관리하면서 연구해 만든 프로그램이라 다른 곳에는 없답니다. 우리 숍에서만 받아볼 수 있는 피부관리죠!"

누군가 나의 기술을 인정해주면 기분이 좋다. 많은 시간과 노력으로 만든 프로그램이다. 그래서 자신감과 열정이 나를 움직이게한다. 그리고 내가 만든 프로그램인 갈바닉 성형관리에 대한 자부심 또한 누구보다도 높다.

"고객님, 성인 여드름 피부는 잘못된 생활습관으로 피지량이 증가할 수가 있어요. 생활습관을 개선해야 되고, 기름진 것과 스낵류를 피해야 해요."

"원장님, 여드름이 잘 없어지지 않아요. 학창시절 호르몬 분비로 여드름이 심해 피지량을 줄이는 약을 1년 먹었어요. 약 복용 때는 여드름이 좋아졌다가 약을 끊었더니 여드름이 더 악화되었어요. 그래서 같은 약을 처방받아 먹었더니 효과가 없었어요. 그래서 더 센 약을 처방받아 먹어야 여드름이 완화되었어요. 그때부터 피부약을 복용하지 않고, 피부 마사지를 받으면서 개선하려고 노력했어요. 그러다 내게 맞는 피부관리를 검색해 원장님을 알게 되었어요. 원장님, 제 피부를 위해 무엇을 할까요?"

"고객님, 서두르지 말고 천천히 알려 드릴게요."

그녀는 단골이 되어 1년쯤 지난 후부터 매주 방문했다.

"원장님, 진피관리를 매주 받아 피부가 좋아졌어요. 피부가 좋아지니까 욕심이 생기네요. 제가 집에서 할 수 있는 방법이 있을까요?"

그녀가 진지하게 물어왔기에 나는 정확하게 조언해주었다.

"고객님, 갈바닉으로 피부관리를 하면 좋아져요. 하지만 갈바닉으로 매일 해야 하는 불편함이 있어요. 매일 사용하시면 원하는 피부가 될 수 있지만, 갈바닉 기기 구매 후, 사용하지 않으시면 제 마음이 너무 불편해져요. 좋다는 걸 알아도 매일 홈케어를 하는 습관이 쉽지는 않아요. 자기 피부를 매일 관리할 수 있는 믿음과 확신이 있으면 기기 구매를 추천하지만, 자신이 매일 할 자신이 없으면 갈바닉 기기를 구매하지 마세요."

"원장님을 믿고 1년 넘게 피부관리를 받고 있어요. 그랬더니 피부가 좋아지는 것을 느끼고 있어요. 저도 원장님처럼 매일 갈바닉을 해서 꿀피부가 되고 싶어요. 원장님, 저도 예쁜 피부를 가질 수 있겠죠?"

"고객님, 갈바닉 기기 구매 후에 꼭 사용한다는 약속을 해주세요. 그러면 저도 있는 힘을 다해 도와드릴게요."

"저도 한다면 하는 사람이에요. 한번 믿어보세요"

그녀는 큰 소리로 대답했다. 나는 그녀의 확고한 마음과 진심이 느껴졌다.

그렇게 기기 구입 후 1년이 지나도 그녀는 갈바닉 기기를 하루도 빠짐없이 사용했다.

"원장님 갈바닉의 효과가 대단해요. 앞으로도 계속 사용할 거예요. 하루라도 안 하면 불안해요. 저는 죽을 때까지 여드름과 이별하지 못할 거라고 생각했는데, 지금 너무 좋아요. 여자는 '피부가 전부다'라는 생각이 들어요. 피부 결이 매끄러워 더 예쁘다는 이야기를 많이 들어요. 원장님 덕분이에요. 감사해요!"

"제가 더 감사한 마음입니다. 저를 믿고 긴 시간 따라와주셔서 감사합니다."

그녀의 감사해 하는 마음이 내게 큰 힘이 되었다. 누군가에 필요한 사람이 되어, 도움을 줄 수 있는 사람이 된 것에 감사한 마음뿐이었다. 여드름 피부였던 그녀는 깨끗하고 빛나는 피부로 거듭났다. 깨끗하고 빛나는 피부가 된 그녀는 주위의 부러움을 사고 있었다. 2년이 지난 지금도, 우리 숍 단골이 되어 매주 피부관리를 받고 있다.

나는 우리 숍에 오는 고객에게 화장품을 권하지 않는다. 자신들이 쓰고 있는 화장품을 바꾸기가 쉽지 않기 때문이다. 고객들이 화장품을 구매하고자 하면 알려준다. 진피를 건강하게 하면 피부는 좋아진다. 그래서 진피를 좋게 만드는 갈바닉 기계를 추천한다. 갈바닉 기기는 전류의 같은 극끼리 밀어내고 다른 극끼리 끌어당기는 성질을 이용해 화장품을 피부 깊숙이 스며들게 함으로써 피부관리 효과를 높여준다. 마이너스 전류는 딥 클렌징을 하는 역할로 진피 속 찌꺼기를 배출하는 효과가 있으며, 플러스 전류는 아녹스(노화 요소)를 비 활성화해 노화를 예방하는 효과가 있다. 특히 갈바닉은 모공의 노폐물을 배출해 각질을 제거하고, 모공을 줄여 펴주는 역할을 한다. 그래서 진피에 있는 찌꺼기를 배출함과 동시에 영양을 넣어주기 때문에 피부는 매끈해지고 맑아지는 효과를 본다. 갈바닉 기기는 진피까지 흡수하는 능력이 있다.

나는 화장품 침투를 증진시키는 기기 사용을 추천한다. 좋은 성분의 기능성 화장품이라도 진피까지 도달할 수 없기 때문이다. 백화점 화장품이나 저렴한 화장품을 써도 별다른 차이를 느끼지 못한 이유는 화장품의 유효 성분들이 피부 속 진피까지 침투하지 못했기 때문이다. 비싼 화장품을 사용하는 대신 피부 속까지 도달할 수 있는 기기 사용을 권하는 이유다.

피부에 영양을 넣는 것은 쉬운 일이 아니다. 또한 피부는 스스로 치유하는 능력이 있기 때문에 화장품 성분이 피부에 침투해도 모두 흡수하지 못한다. 흡수를 도와주는 매개체나 유기물이 있어야 한다. 그래서 화장품에 진피까지 흡수될 수 있는 기술이나 공법이 있어야 한다. 우리는 화장품을 선택할 때 화장품의 성분만 본다. 성분이 피부로 흡수될 것이라고 믿지만, 거의 대부분 진피까지 도달할 수 없다. 거친 피부막을 뚫고 기저층 아래 진피까지 영양을 흡수시키는 것은 어려운 일이기 때문이다.

보통 사람들은 백화점에서 화장품을 구매하는 것이 최고라고 생각하지만, 화장품 회사 중 일부는 구매자의 빠른 욕구를 채우기 위해 소량의 스테로이드 성분을 넣기도 한다. 바르는 순간 피부가 좋아지는 것을 느낄 수 있지만, 진짜로 피부가 좋아지는 것이 아니라 스테로이드 성분으로 인한 일시적 효과라는 것을 대부분 인지하지 못한다. 이런 화장품을 쓰다가 다른 화장품으로 갈아타는 순간, 피부에서 이상 반응이 나타나 예민한 피부가 될 수가 있고, 다른 화장품을 쓸 수 없는 지경에까지 이를 수 있다.

화장품을 선택할 때, 성분만 보지 말고 그 회사가 보유하고 있는 기술과 공법이 있는지 알아야 한다. 더 나아가 그 회사의 기업정신이나 마인드도 알 수 있다면 화장품을 믿고 쓸 수 있을 것이다. 당신의 피부에 맞는 화장품을 사용하고 있는지, 스스로 확인하기를 바란다.

좋은 습관이 예쁜 피부를 만든다

중학교 사춘기 때 나는 갑자기 살이 찌기 시작해 78kg의 몸무게가 되었다. 잘 나가지도 않고 집에만 있었다. 비만이었던 나는 하교 시, 친구들과 어울리지 않고 늘 집에 와서 라면 3개를 끓여 강아지랑 나눠 먹었다. 마음이 늘 불안해 집중력이 떨어졌고, 성적도 낮았다. 아들만 좋아하고 딸을 싫어했던 집안에서의 유년시절로 나는 의기소침하고 조용한 아이가 되었다. 유교적인 집안에서 남녀차별을 받으며 자란 탓에 나는 행복하지 않았다.

어린 시절 우리 가족은 할아버지와 같이 살았다. 할아버지는 유교적인 분이셨다. 아들만 중요하고 딸은 시집가면 끝나는 존재로 여기셨다. 할아버지는 내게 딸은 필요 없다고 항상 말씀하셨다. 어릴 때부터 나는 홀로 모든 것을 해결해야 했다. 귀염받고 사랑받는 아이가 아니라 어른들 눈치나 보며 사는 인생이었다. 나는 할아버지께 혼날까 봐 무서웠다. 투정 한번 부린 적 없다. 오빠만 바나나를 먹고, 나는 그런 오빠를 묵묵히 지켜보곤 했다. 오빠가 먹다 남은 보약에 물을 타서 몰래 먹기도 했다. 나는 오빠보다 크고 힘도 센 편이어서 몸으로 싸워서 져본 적이 없다. 오빠랑 싸우면 무조건 나만 혼났다. 심지어 할아버지는 밥을 잘 먹지 않는 오빠를 보다가 볼이 미어져라 밥을 퍼먹는 나에게 화가 나 숟가락으로 내 이마를 갑자기 때리기도 했다. 그러면 보통은 울면서 밥을 먹지 않았겠지만, 나는 눈물을 흘리면서도 끝까지 밥을 먹었다. 할아버지는 쪼끄마한 것이 독하다며 숟가락으로 한 대 더 때렸다.

일곱 살 때 등이 너무 간지러워서 혼자 목욕탕에 간 적이 있다. 같이 목욕하고 있는 아주머니한테 "등 좀 밀어주세요" 했더니, 어린아이가 기특하다며 등뿐만 아니라 팔도 밀어주셨다. 가족한테는 인정받지 못했지만, 주위 사람들한테 칭찬받기 위해 내가 할 수 있는 최선을 다했다. 친구들의 부모를 부러워하면서, 내 부모는 왜 나를 예뻐하지 않는 걸까 속상했다.

어릴 때, 유독 딸을 싫어하셨던 할아버지에게 차별을 당하는 내 모습을 봤지만, 부모님은 방패가 되어주지 않았다. 생활고로 힘들었던 부모는 딸의 마음을 살피지 않았다.

내가 성인이 되고 나서 할아버지는 어릴 때 구박하고, 오빠와 차별해서 미안하다고 하셨다. 내가 미워서 구박했던 것이 아니라, 딸이라는 존재 자체가 그냥 싫었다고 하셨다. 할아버지는 위암으로 고생하셨는데, 할아버지와 마지막 인사를 했을 때, "하정아, 예쁘게 커줘서 고맙다. 그리고 어릴 때 미워하고 차별해서 미안하다. 할아버지 용서해라!"라고 내 손을 잡으며 말씀하셨다. 나는 "어릴 때 저는 할아버지를 미워했어요. 그런데, 지금은 괜찮아요! 할아버지 건강에만 신경 쓰세요. 아프지 마세요!"라고 말했다. 위암으로 고생하시던 할아버지는 그렇게 하늘나라로 가셨다. 할아버지를 미워했던 마음과 섭섭함은 사라졌다. 할아버지가 나를 강하게 만들어 주셨다는 생각이 든다. 스스로 어떤 일이든 도전하고 해결할 수 있는 굳건한 마음을 갖고 성장할 수 있었다. 강한 사람으로 성장할 수 있었기에 할아버지에게 감사한 마음이다.

남에게 약한 모습을 보여주기 싫었던 나는 강해져야만 했다. 어떤 일을 시작하면 잘되지 않았고, 결과도 좋지 않았다. 하지만 나는 열심히 하는 자세가 좋았다. 집중되지 않아 항상 실패하기 일쑤였지만, 잦은 실패에 좌절하지 않았다. 어릴 때부터 무슨 일이든 혼자 해내야 했고, 아무도 도와주는 않는 현실이 싫었기에 혼자 이겨내고 위로하는 방법을 찾아야 했다.

"외로워도 슬퍼도 나는 안 울어. 참고 참고 또 참지 울긴 왜 울어. 웃으면서 달려보자 푸른들을 푸른하늘 바라보면 노래하자. 내 이름은 내 이름은 내 이름은 캔디…."

어린 시절 즐겨 보던 〈들장미 소녀 캔디〉의 주제가다. 들장미 소녀 캔디를 생각하면, 그 시절이 떠올라 눈물이 난다. 남이 볼까, 보이지 않는 곳에서 혼자 울었다. 마음껏 우는 캔디가 부러웠고, 캔디의 어려운 환경을 이겨낸 과정이 나의 감정과 이입되어 슬펐다. 어릴 적 나의 상황이 너무 슬펐고, 잘 이겨낸 지금은 내가 기특한 마음이 들어 눈물이 난다. 어릴 때는 힘들어서 울었지만, 지금은 그 시절 좋았던, 나빴던 추억이 모두 생각나 눈물이 난다. 이제는 마음껏 울어도 된다. 잘 이겨왔기에 웃으면서 울어도 된다.

나는 원하던 대학에 편입해 학교 생활을 열심히 할 수 있었다. 처음으로 내가 원하는 것을 성취하는 쾌감을 느꼈다. 그때부터 진짜 내 인생이 시작되었다. 뚱뚱했던 몸은 날씬해지고 예쁜 대학생이 된 것이다. 날씬해진 외모 덕분에 무엇이든 할 수 있겠다는 자신감이 생겼다. 나는 있는 힘을 다해 열심히 공부해 장학금을 받으며 학교를 다녔다.

그 당시 직장 생활을 하고 있던 9살 연상의 남편을 만났다. 처음 만났을 때 남편은 안전모를 쓰고 작업복에 안전화를 신은 모습이었다. 일하는 남편의 모습이 믿음직해 보였다. 아버지가 일하는 모습을 평생 본 적이 없었던 나는 남자를 볼 때 겉모습보다 성실함이 좋았다. 그래서 남편의 성실한 모습에 끌렸고, 나에게 너스레 떨지 않고 점잖은 모습이었던 것이 좋았다. 오랜 시간을 함께 보낸 것은 아니지만, 예전에 만났던 것처럼 편하게 느껴졌다.

나는 스물네 살에 결혼했다. 대구에서 내 짐을 1톤 트럭에 싣고, 경기도 용인시의 신갈로 혼자 이사하면서 눈물을 흘리며 다짐했다. 꼭 성공해서 외제차를 타고 보란 듯이 고향에 내려가겠다고 결심했다. 부모의 경제적 도움 없이 시작한 신혼 생활은 쉽지 않았다. 당시 남편은 IMF로 월급이 삭감되어 생활이 힘들었다. 150만 원 월급에 100만 원은 저금하고 50만 원으로 생활했다. 아들 둘을 키우면서 악착스러울 정도로 아끼며 살았다. 한푼이라도 아끼며 살아야 먹고살 수 있다는 마음이 들었기 때문이다. 십 년 만에 내 집을 마련할 수 있었고, 아이들이 초등학교 다닐 무렵, 나는 전공을 살려 초등학교 미술 강사로 12년간 일했다. 교육현장에서도 나는 창의력 있는 미술 수업을 했다. 매시간 프로그램을 개발해 학생들을 지도했다. 남들과 다른 생각과 기발한 아이디어로 프로그램을 만들어 지도할 때, 변화하는 아이들을 보면서 보람을 느꼈다. 천편일률적인 수업에는 매력을 느끼지 못했다. 그러나 미술 강사는 계약직이어서 또 다른 직업을 찾아야 한다고 생각했고, 끊임없이 자기계발을 했다.

살을 빼기 위해 운동도 시작했다. 5시간씩 매일 운동하는 습관을 가지게 되었고, 비가 와도 눈이 와도 운동을 게을리하지 않았다. 운동에 미친 사람처럼 내 몸에 집중하며 근육이 찢어지는 느낌을 즐겼다. 운동 시작하기 전에는 엉덩이와 허벅지 근육이 커서 축구선수 같다는 놀림을 받았지만, 운동을 시작하면서는 허벅지와 엉덩이는 오히려 나를 드러내는 무기가 된 것이다. 나는 자신을 위해 무조건 열심히 하면 달라진다는 것을 알았다. 열심히 하다 보면 잘하게 된다는 것도 알게 되었다. 날씬하게 변화된 내 몸을 매일 확인하면서 운동은 습관처럼 생활의 일부가 되었다. 하루의 마무리는 운동으로 끝내는 것이 가장 중요한 습관으로 자리 잡았다.

점점 운동에 빠지면서, 피트니스 대회를 통해 내 자신감을 확인하고 싶었다. 내 인생에 한번쯤은 비키니를 입고 대회 무대에 올라가서 자신을 뽐내고 싶었다. 열심히 만든 내 몸을 자랑하고 싶었고, 세상에 나를 드러내고 싶었다. 마흔세 살에 피트니스 대회에 비키니 선수로 참가했다. 2017년 INBA Asia-international Natural Championship Bikini Divas Master 1위, INBA Asia-international Natural Championship Women's Sport Moder 1위, INBA Asia-International Natural Championship Women's Figure 1위로 국내에서 금 3개의 상을 받았고, 몇 달 후 2017 INBA World Championship Rimini(ITALY) Bikini Master 1위로 해외대회에서 금 1개의 상을 받았다. 2018년에는 ICN 프로카드도 획득했다.

이때부터 나는 내 자신을 찾기 시작했다. 운동은 나를 찾게 만들어 준 계기가 되었고, 제일 중요한 것은 자신감 회복이었다. 내 인생에서 서럽고 힘들었던 시절을 보상받는 듯 자랑스러웠다. 그 후로 나는 어떤 일을 해야겠다는 생각이 들면 꼭 했고, 끝을 봐서 꼭 결과를 냈다. 관심이 생기면 그 분야의 1인자가 되어야겠다는 생각이 들었다. 무엇보다 열심히 하는 성실한 습관이 무기가 되었다. 자신감을 가진 나는 누구보다도 빨리 터득하고, 이루고자 하는 욕구가 컸다. 나를 위해 살기로 결심한 결과였다. 운동은 내 인생의 전환점이 되었고, 내가 누구인지, 어떤 사람인지 알게 되었다. 자신을 위해 노력하고, 성실하지 않았다면 어릴 때처럼 좌절하고 비관하며 살았을 것이다. 운동하는 습관으로 좌절을 이겨낼 수 있는 힘을 가질 수 있었다.

운동으로 다져진 몸매에 가장 필요한 것은 피부였다. 평소부터 피부에 관심이 많았는데, 중년이 되면서 피부의 중요성을 더욱 알게 되었다. 하지만 피부과에 가면 시술을 권유하고, 피부 마사지를 받으러 가면 너무 약해서 변화가 없었다. 이런 불만으로 인해 스스로 공부하기 시작했고, 피부 자격증을 취득하면서 내 삶은 갑자기 빠르게 변화되었다. 내가 원하는 관리 방식을 만들고 싶었기에 내 얼굴과 피부를 통해서 결과를 내고, 그 결과를 모아 프로그램을 완성했다. 미술을 전공한 것은 피부관리 프로그램 완성에도 도움이 주었다. 창의력과 상상력으로 남들과 다른 나만의 기술을 개발하게 되었다. 내 얼굴은 점점 작아지고, 젊어졌다. 피부 연구를 위해 하루도 빠짐없이 피부를 관리하는 습관 덕분에 늙지 않는 얼굴과 피부가 되었다.
매일 운동하는 습관, 매일 갈바닉을 하는 습관으로 내 일과는 마무리된다. 이런 습관은 나를 드러내는 방법이 되었다. 성실함과 꾸준함은 내가 제일 잘하는 것이다. 나는 나와 약속하면 결과를 낼 때까지 노력한다. 노력하고, 바라고, 생각하고, 실천하면 잘할 수 있게 된다. 갈바닉 하나에 빠져 노력한 결과, 나는 남들이 할 수 없는 갈바닉 성형관리 프로그램을 완성했다. 작은 습관이 모여 나만의 결과물을 완성할 수 있었던 것이다. 그래서 나는 나를 믿는다. 세상에 일어나는 모든 일은 자신의 마음이 답이라는 것을 알게 되었다.

작은아들이 초등학교 2학년 때로 쇼트트랙 선수를 할 때다. 아들의 무릎 통증이 심해 정형외과에 자주 갔었다. 그로부터 10년이 지나, 내가 운동을 하다 허리를 다쳐 치료를 받기 위해 그 병원에 방문했다. 10년 전과 변함 없이 의사, 간호사분이 계셨다. 내심 혼자 반가웠지만, 한편으로 10년 전에 봤던 젊은 얼굴의 의사, 간호사는 없고, 늙고 변한 모습에 화들짝 놀랐다. 10년 전과 변함 없이 일하고 있는 의사와 간호사를 보니 이상한 느낌도 들었다. 나는 타임머신을 타고 10년 뒤로 이동한 느낌을 받았기 때문이다. 내 모습은 그대로인데, 그들은 세월의 흔적을 그대로 받아 늙은 모습으로 변해 있었다. 세월이 흐르면 우리는 모두 늙는다. 하지만 그 속도를 줄일 수는 있다. 사람들은 보통 "늙었다", "힘들다", "바쁘다", "아프다" 등의 변명과 이유로 자신을 빨리 늙게 만드는 습관을 방치한다. 부지런한 습관만으로 늙지 않는 몸과 피부를 가질 수 있다. 몸을 편하게 만들면, 세월의 속도를 그대로 받아 늙어버린 자신을 보고 어느 날 후회할 수도 있다. 몸을 부지런히 움직여 피곤할 정도로 운동하는 습관을 만들어야 세월의 속도로 노화되는 것을 줄일 수 있기 때문이다.

나는 수영장이나 헬스장에서 예쁘고 젊은 여자들 옆에서도 주눅들지 않는다. 근육질의 단단한 몸매와 깨끗하고 예쁜 피부로 누구에게도 기죽지 않을 자신감이 있다. 비록 나이는 들었지만 열심히 자기관리를 했기 때문에 자부심이 있다. 피부와 엉덩이는 내 자존심이고 전부다. 운동하는 습관은 내 몸을 건강하게 만들었고, 끊임없는 피부관리는 내 피부를 빛나게 한다. 내 자신을 찾게 된 만족감과 성취감은 나를 움직이게 했고, 발전할 수 있는 계기가 되었다.

지금도 나는 매일 운동하고, 피부를 관리하는 습관으로 늙지 않고 예쁜 피부를 만들어가고 있다. 자신이 하고 있는 일에 변명과 이유를 대지 않고 자신에게 필요한 시간과 좋은 습관을 가지기를 바란다. 그것이 곧 자신을 위한 것이다. 그 어느 누구도 자신의 힘든 상황을 이해해주지 않는다. 일은 일이고, 나를 위한 시간은 나를 위한 것이다. 일과 나를 위한 시간을 적절히 사용할 줄 알아야 미래의 내 모습에 후회하지 않을 것이다. 나는 모든 사람들이 자신만의 좋은 습관으로, 힐링하는 시간을 가져 변화되는 자신과 마주하기를 바란다. 자기만의 좋은 습관을 가져서 당당하고 멋진 인생을 살며, 예쁜 피부 또한 만들기를 바란다.

두 달 만에 피부미인으로 다시 태어났어요

40대 초반의 내성적이고 조용한 성격의 여성이 숍에 방문했다.

"원장님, 지인 소개로 왔어요. 피부관리를 잘하신다고 해서 왔어요. 저는 피부가 깨끗하고 맑았으면 좋겠어요. 피부가 칙칙해서 어두워요. 피부가 맑아질 수 있을까요?"

"고객님, 피부는 당연히 좋아집니다. 다른 고민은 없으신가요?"

"사실은 제가 불면증이 있어서 피로하고 몸이 힘들어요. 잠이 들기까지가 힘들어서 살도 자꾸 불어 속상해요. 원장님, 오늘 바로 피부관리를 받을 수 있을까요?"

"네, 받으실 수 있어요. 고객님의 순환 상태에 따라 이틀 정도 통증이 있을 수 있고, 근육이 뭉친 정도에 따라 멍도 들 수 있어요. 이틀이 지나면 얼굴에 효과가 나타납니다."

나는 간단하게 주의사항을 설명하고 피부관리를 시작했다. 마지막으로 팩을 왼쪽 눈에 바르고 있던 순간, 그녀가 다급하게 말했다.

"원장님. 제가 눈을 가리면 불안하고 힘들어요. 눈 위쪽으로는 팩을 피해서 해주세요."

"어머, 죄송해요. 팩 올릴 때 물어보고 해야 되는데, 제가 그냥 팩을 올려버렸어요. 죄송해서 어떻게 하죠? 왼쪽에 바른 팩은 지금 뗄 수가 없어요. 오른쪽 눈을 피해 팩을 할게요. 금방 마르니까 빨리 떼어드릴게요. 죄송합니다."

나는 너무 당황했다. 미리 물어봤어야 했는데 깜박했던 것이다. 그녀는 조용히 말했다.

"원장님, 제가 공황장애가 있어요. 저도 미리 말했어야 하는데, 깜박했어요. 너무 미안해하지 마세요. 미리 말하지 않은 제 책임도 있어요!"

"팩을 뗄 때까지 팩 위에서 손을 떼지 않을게요. 빨리 제거할게요. 죄송해요. 정말 죄송해요."

내가 미안해 하자 그녀는 불안한 마음을 최대한 안정시키려고 노력했다. 나는 그녀 옆에 앉아 있다가 팩이 마르자마자 제거했다. 팩을 제거하자 그녀는 불안한 마음을 제어할 수 있었다. 나는 너무 미안해서 몸둘바를 몰랐다. 그녀는 자신의 증상을 설명했다.

"원장님, 놀라셨죠? 제가 눈을 가리면 극도의 공포심을 느끼고,

심장이 빠르게 뛰고 가슴이 답답해서 숨이 안 쉬어져요."

"너무 죄송해서 드릴 말씀이 없네요. 진심으로 사과드릴게요."

"원장님, 그런데 생각보다 괜찮았어요. 평소 같았으면 참기 힘들었을 텐데, 원장님이 옆에 앉아 이야기를 계속해서 불안이 덜 했어요. 괜찮아요. 신경쓰지 마세요."

"고객님, 괜찮다고 말하고, 이해해주셔서 너무 감사해요!"

피부관리를 마무리하고 그녀와 나는 상담실에 다시 앉았다. 그녀는 기분 좋게 말했다.

"원장님, 피부관리가 제가 받아본 것 중에 최고예요. 원장님처럼 피부관리를 하는 사람은 없어요. 정말 감동받았어요. 지금 너무 가볍고 시원해요. 원장님이 동안인 이유를 알겠어요. 원장님이 프로그램을 만드셨다고 하셨죠! 저, 매주 방문할게요. 기분이 너무 좋아요. 감사해요!"

"고객님, 제가 팩을 할 때 실수해서 죄송한 마음에 걱정했는데, 기분 좋게 피부관리를 받으셨다니 다행입니다."

그녀는 매주 재방문했다. 피부관리를 받고 너무 좋다며 남편도 피부관리를 받을 수 있냐고 물어왔다. 나는 가능하다고 했다. 그녀는 피부관리를 받으며 말했다.

"원장님, 사실은 제가 피부관리를 받고 싶어서 공황장애 약을 먹고 와요. 신경 안정제를 먹고 오면 눈을 감고 있어도 괜찮아요."

나는 놀랐다. 신경 안정제를 먹고 올 정도로 증상이 심한 줄 몰랐고, 약을 먹고 올 정도로 내 관리를 받고 싶어 한다는 사실에 감사한 마음이 들었다.

"고객님, 진정제를 먹고 오는 줄 몰랐어요."

"원장님한테 피부관리를 받고 컨디션이 많이 좋아졌어요. 관리를 받은 날은 불면증이 없어져서 며칠 동안은 숙면해요. 몸과 마음이 편해지거든요."

그녀의 말을 들으니 더 잘해드리고 싶었다. 최선을 다해서 나의 정성으로 조금이나마 고객의 불편하고 힘든 부분에 도움이 되었으면 싶었다.

그녀는 매주 방문하면서 피부가 좋아지고 있었다. 피부가 좋아지니 자신감이 생긴다고 했다. 얼굴이 깨끗하고, 반짝반짝 빛났다. 관리를 받고 두 달 만에 그녀는 피부미인이 되었다. 피부가 좋아지니 컨디션도 많이 좋아져서 운동도 시작했다는 그녀는 관리를 받고 호수공원으로 가 2시간씩 걷는다고 했다. 하루가 다르게 피부와 외모가 달라지더니, 체중 감량으로 피부 또한 더욱 예뻐지고 있었다. 달라진 외모로 행복해 보였다. 그녀는 지금도 피부관리를 받는 단골이 되어 서로 안부를 묻는 사이가 되었다.

어느 날 20대 후반쯤의 여성에게서 전화가 걸려 왔다.

"제가 두 달 후에 결혼을 앞두고 있어요. 신부관리도 되나요?"

"네, 신부관리로 피부관리를 받으시면 너무 좋아요. 피부도 좋아지고, 얼굴선과 어깨와 쇄골도 예뻐집니다. 예약하고 오세요."

그녀는 예약하고 며칠 후 방문했다. 그녀는 다급한 듯 말했다.

"원장님 결혼식이 두 달도 안 남았어요. 오늘부터 피부관리를 받으면 좋아지겠죠?"

"고객들이 몰라서 못 오는 피부관리예요. 한 번만 피부관리를 받아봐도 달라진 모습을 알 수 있어요!"

나는 당당하게 대답했다. 그녀는 나를 믿고 피부관리를 받아보겠다며, 어떤 관리가 좋을지 물었다. 나는 젊으니 갈바닉 부분 성형관리와 갈바닉 전체 성형관리 두 개 중에 선택하면 되겠다고 했고, 결혼식이라는 미션이 있으니 갈바닉 전체 성형관리가 더 좋을 것 같다고 추천했다. 그녀는 내가 추천하는 갈바닉 전체 성형관리를 받기로 했다.

그녀는 두 시간 동안 이루어진 갈바닉 전체 성형관리를 아파하지 않고 잘 받았다.

"원장님, 블로그에서 보고 왔는데, 엄청 아프다고 하는 말이 많아서 걱정했는데 생각보다 참을 만해요. 아프다기보다 저는 시원한 느낌이 들어요. 제가 직장을 다니기 전에 체험 블로그를 해서 잘 알거든요. 블로그 내용을 딱 보면 진짜인지 아닌지 알아요. 그래서 원장님의 블로그 내용이 너무 좋아서 전화했어요. 그런데 받아보니까 알겠어요. 이런 피부관리는 처음이에요."

그녀는 관리에 만족했다. 피부관리를 받고 피부톤이 바로 맑아지고, 혈액 순환이 되어서 그런지 너무 가볍고, 피부에 찌꺼기가 빠진 느낌이라고 했다. 마치 양파 껍질을 깐 느낌이라며 놀라워 했다. 그녀는 거울 앞에서 자신의 피부를 보며 감탄했다. 젊기 때문에 더욱 큰 효과를 보았다. 탄력이 좋은 사람은 갈바닉 효과가 배가 되기 때문이다. 그래서 대부분 젊은 여성이 나이가 든 여성보다 탄력이 좋기 때문에 갈바닉 효과를 빠르게 볼 수 있다.

그녀는 매주 방문해서 피부관리를 받았다.

"원장님, 요즘 회사에서 저보고 예뻐졌다고 난리랍니다. 도대체 얼굴에 뭘 하냐고 물어봐요. 그래서 피부 마사지를 받는다고 했는데 사람들이 안 믿어요. 다른 피부과 시술을 받고 거짓말하는 줄 알아요. 진실을 이야기해도 믿지 않네요."

"사람들 대부분 이런 관리를 알 수 없죠! 제가 직접 만든 피부관리 프로그램이다 보니 홍보가 안 되어 있어서 대부분 몰라서 못 오는 피부숍이죠!"

"원장님, 며칠 후 웨딩 촬영이 있어요. 오늘 피부관리를 받아서 예쁘게 찍을 것 같아요."

"기본 얼굴이 예뻐서 피부가 더 예뻐지네요. 사진은 잘 나올 거예요. 자신감 있게 포즈 취하고 찍으세요."

그녀는 결혼식 이틀 전에 마지막 피부관리를 받기 위해 방문했

다. 피부관리가 끝나고 상담실에 앉은 그녀는 고마워하며 말했다

"원장님, 제 피부가 좋아져서 너무 좋아요. 사람들에게 피부 미인이라고 칭찬을 듣고 있어요. 원장님 덕분에 두 달 만에 피부 자신감이 생겼어요. 감사해요."

"고객님이 결혼을 앞두고 자기관리를 잘하셔서 더 효과가 있었어요. 고객님의 젊음이 부럽네요. 조금만 노력해도 단시간에 달라지네요. 제가 더 감사한 마음입니다. 저를 믿고 따라와주셔서 감사합니다."

그녀는 두 달 만에 피부 미인이 되어 다시 태어난 느낌을 받았다. 피부는 좋을 때 관리해야 된다. 나빠진 피부 상태에서 관리를 해도 큰 효과를 볼 수 없다. 피부는 조금이라도 젊을 때 관리를 시작해야 피부 미인으로 자신감 있게 살 수 있다. 나이를 먹으면 피부도 늙기 시작한다. 하지만 피부가 좋을 때 관리하면 좋은 상태를 유지할 수 있다. 피부는 관리한 만큼 좋아진다. 당신은 피부 미인이 되기 위한 노력을 멈춰서는 안 된다. 우리는 피부를 통해 살아온 발자취를 느낄 수 있기 때문이다. 당신의 살아온 인생을 고스란히 보여주는 피부를 부디 잘 관리하길 바란다.

- 2장 -

작은 얼굴로 만드는 뷰티테라피

작은 얼굴, 림프순환이 먼저다

　어느 날, 예전에 방문했던 고객에게서 전화가 왔다. 그녀는 답답한 마음으로 토로했다.

　"원장님, 피부관리를 받고 싶어서 연락했어요. 몸이 너무 안 좋아요. 얼굴도 계속 커지고 목이랑 어깨 통증도 심해요. 몇 달 전에 오려고 했는데, 코로나에 걸려서 고생했어요. 가족이 릴레이로 돌아가면서 감염되고, 코로나에 걸리고 난 후 컨디션이 나빠졌어요. 시간이 갈수록 얼굴이 계속 커지고 있는 게 가장 문제예요. 나빠진 자세로 얼굴과 어깨가 붙을 것 같은 느낌이 들어요. 어떻게 하죠? 원장님, 갈바닉 기술로 얼굴을 작게 해주세요."

　"고객님, 제가 림프를 중요시해서 모든 관리에는 림프관리가 기본으로 포함되어 있습니다. 갈바닉 전체 성형관리를 받을 때 다이어트도 같이 해주세요. 식단관리와 운동을 병행해야 몸도 좋아지고, 순환이 잘되는 작은 얼굴을 만들 수 있어요."

"원장님, 운동을 하는데 살이 안 빠져요. 왜 그럴까요? 예전에도 지금도 운동을 하는데 더 나빠지고 있어요. 나름대로 열심히 운동하고 있는데 좋아지지 않는 건 무슨 문제일까요?"

"고객님, 그때는 자전거로 동네 한 바퀴를 돈다고 하셨고, 지금은 골프를 한다고 했는데, 사실 골프가 다이어트에 크게 도움이 되지는 않아요. 오히려 고객님한테는 골프가 맞지 않는 운동일 거예요. 목과 허리에 통증이 있는 사람은 골프나 자전거를 피해야 해요. 앞으로 숙이는 자세는 목에 도움이 되지 않아요. 유산소로 턱과 등줄기에서 땀이 뚝뚝 떨어져야 몸에 있는 독소, 찌꺼기, 노폐물이 배출되어 림프순환이 되고 다이어트에도 성공할 수 있어요. 제가 림프관리를 해서 근육과 근막에 있는 노폐물을 강제로 순환시켜 배출하지만, 몸 전체에서 배출하는 것은 아니기 때문에 고객님 스스로 배출하는 몸으로 만드셔야 되요. 제가 얼굴이나 목, 어깨, 겨드랑이에 있는 림프절은 림프관리를 통해, 순환에 도움이 되도록 할게요."

"원장님만 믿을게요. 잘 부탁드려요."

그녀는 예전에 방문했을 때도 나와 똑같은 이야기를 했던 터라, 무엇을 원하는지 잘 알고 있었다. 나는 그때도 자기관리가 우선시되어야 된다고 조언했다. 그녀는 나름 노력했지만 다이어트에 성공하지는 못했다. 예전보다 더 나빠진 상태였기 때문이다. 예약을 하고 피부관리를 받기 시작한 그녀가 말했다.

"원장님, 예전이랑 갈바닉 기술이 달라졌어요. 뭔가 더 세밀해진 것 같아요."

"제 얼굴에 매일 갈바닉 진피관리를 하면서 연구하고 있어요. 가르쳐주는 사람이 없기 때문에 제가 반드시 연구해야 하거든요. 제 얼굴에 갈바닉을 하면서 속도와 횟수, 압의 세기를 조절하는 공부를 하고 있어요. 중요한 것은 연구할수록 새로운 기법이 개발된다는 거예요! 그리고 나를 위한 루틴으로 피부관리를 매일 해요. 내 얼굴도 작게 유지하는 방법이라는 것을 알거든요. 자기관리를 하면 늙지 않는다는 것을 확인했고, 제 얼굴에서도 입증이 되기 때문이죠. 저는 어떤 일보다 중요한 것은 자기관리라고 봐요."

"원장님의 자기관리는 최고예요. 제도 원장님처럼 되고 싶어요. 열심히 할 수 있도록 도와주세요."

"제가 할 수 있는 부분은 당연히 도와드려야죠! 고객님은 식단관리랑 운동을 반드시 병행하셔야 됩니다."

피부관리를 받고 나서 그녀는 거울 앞에 서서 얼굴이 복싱 선수처럼 됐다고 화들짝 놀랐다. 그도 그럴 것이 얼굴이 울긋불긋 부어 있고 어혈이 많았기 때문이다. 특히 목과 어깨는 두들겨 맞은 것 같다고 했다. 남편이 보면 놀라겠다는 그녀에게 나는 "고객님, 어혈이 올라올 거라고 예상은 했지만, 보통은 서서히 올라오는데 이렇게 많이 나타날지 몰랐어요. 괜찮을까요?" 하고 걱정스럽게 말했다. 그녀는 "오늘 처음 받는 것도 아닌데, 예상했어요. 괜찮아요. 걱정하지마세요"라고 담담히 말했다. 나는 통증이 짧으면 2일이고 길면 일주일 이상 지속될 수도 있다고 알려주고, 시간이 지나면 어혈은 없어지니 걱정하지 않아도 된다고 정확히 말해줬다.

그녀의 림프는 막혀 있는 상태였다. 첫 번째로 얼굴, 뇌의 출구가 있는 귀밑 림프절은 딱딱했다. 림프액이 더디게 순환해 독소와 찌꺼기가 쌓이게 되면 귀밑은 딱딱하게 되고, 얼굴은 시간이 지날수록 커지게 된다. 커진 얼굴은 울퉁불퉁하게 되어 얼굴이 변하게 된다.

두 번째로 귀밑 림프와 목 근육에서 흐르는 곳인, 목 양옆의 목 림프절이 굳어 있었다. 굳어진 목 근육은 좌우로 움직이는 동작에 어려움을 주고, 림프관리 시 통증을 호소하게 된다. 잘못된 자세로 목 근육이 경직되면, 목 통증 질환이 유발될 수 있다.

세 번째로 림프가 심장으로 가기 전, 마지막으로 모이는 곳인 쇄골 안쪽에 쇄골 림프절이 있는데, 그녀는 쇄골 림프절이 부어 있어 쇄골에 움푹 파인 곳이 없었다. 쇄골의 위치를 알 수 없을 정도로 부어 있다는 것은 그녀의 림프가 순환되지 않음을 증명할 수 있다.

네 번째로 팔, 가슴, 등, 배꼽 림프가 모이는 곳인, 겨드랑이 아래의 겨드랑이 림프절은 겨드랑이가 불룩하게 나와 부유방이 있고, 시커멓게 변색되었다.

이렇게 그녀의 림프만 봐도 순환이 안 되고 있는 몸이라는 것을 확인할 수 있었다. 그녀는 다른 사람보다 림프액의 순환이 더디기 때문에 더 많이 움직여야 한다. 근육량을 올려 스스로 잘 흐를 수 있는 림프가 되도록 노력해야 하기 때문이다.

그녀는 다시 방문했다. 지난 번 피부관리를 받고 일주일 넘게 통증을 느꼈고, 부어 있었지만, 일주일이 지나서 몸이 가벼워졌다고 했다. 운전할 때 목이 왼쪽으로 잘 움직이지 않았는데, 지금은 목이 부드러워졌다며, 목과 어깨가 편해지고 가벼워 몸이 힘들지 않다고 했다. 얼굴도 작아진 느낌이 들어서, 세수할 때 손바닥이 커진 느낌이 들 정도라고 했다. 얼굴에 있는 피부가 뼈에 붙는 느낌이라며 내 기술을 진짜 인정한다며 고맙다고 했다. 나는 그녀의 림프 상태를 정확하게 지적해주었다.

"다행이에요. 지난 번 고객님 피부관리를 하면서 어혈이 많아 걱정했어요. 그만큼 림프 순환이 안 되고 있어요. 남들보다 림프 순환이 안 되는 몸이라, 운동을 강도 있게 해야 순환에 도움이 됩니다. 근육량을 올리고 많이 움직여 정체되어 있는 림프를 원활하게 순환시키는 힘을 만들어야 해요."

"원장님 말이 맞아요. 저는 많이 먹지도 않고, 운동도 끊임없이 하고 있음에도 불구하고 몸은 좋아지지 않고 힘들어요. 그래도 원장님한테 직접 마사지를 받고 림프 순환이 되는 것만으로도 좋아요. 림프관리를 받으면 얼굴이 작아지는 느낌이 들어요. 얼굴이 갸름해지는 것 같아 화장할 때 즐거워요. 림프관리가 중요하다는 것을 알았답니다. 저처럼 순환이 안 되는 사람은 강제로라도 순환을 시키는 마사지를 해야 할 것 같아요."

"림프순환에 도움이 되는 스트레칭도 좋아요. 많이 움직여서 면역기능을 하는 림프를 깨워줘야 해요."

"원장님, 림프관리를 받으면서 얼굴도 작아지고 목과 어깨 통증도 없어졌어요. 저도 많이 노력해야 할 것 같아요."

그녀는 담담하게 말했다. 림프가 잘 흘러야 우리 몸이 건강하다. 림프에 문제가 생기면 부종과 체형과 얼굴 모양에 영향을 끼친다. 혈액은 심장이 펌프 역할을 하기 때문에 원활하게 순환할 수 있지만, 림프는 순환시키는 펌프 역할을 할 기관이 없다. 그래서 림프액은 혈관보다 좁은 림프관을 흐르며 주변 근육이 수축하고 이완시키는 힘으로 움직이고 이동한다. 근육이 적거나 움직임이 적어 림프 순환이 안 되는 사람은 림프액이 스스로 이동하고 움직이는 속도가 느려지거나 흐르지 않게 된다. 특히 림프액이 정체되기 쉬운 얼굴은 귀밑이 딱딱하게 되어 얼굴이 커진다. 그리고 림프는 정체되면 세균과 독소, 암 세포가 쌓여 만병의 근원이 된다. 우리 몸에서 림프는 귀밑 림프절, 목 림프절, 쇄골 림프절, 겨드랑이 림프절에서 면역기능과 노폐물을 배출하는 기능을 하기 때문에 림프의 순환이 가장 중요하다고 본다.

림프액의 순환이 원활하지 않으면 얼굴이 커지는 것을 눈으로 확인할 수 있다. 그래서 림프가 쌓이기 시작하면 제일 먼저 얼굴 크기가 변하게 된다. 정체된 귀밑 림프는 딱딱하게 굳어져, 사각 얼굴이 되어버린다. 귀밑 림프가 딱딱하게 변하면 신체 여러 곳에서 이상반응으로 질병이 나타날 수 있는 환경이 되곤 한다. 지금 자기 귀밑이 딱딱한지 만져보며 확인하기를 바란다.

작은 얼굴을 원한다면, 먼저 림프 순환이 원활한지 확인하자. 무조건 병원에 가기보다는 자신의 얼굴에서 무엇이 문제인지 근본적인 원인을 알고, 스스로 작은 노력과 변화를 줘야 한다. 작은 얼굴을 만들기 위해 무엇을 해야 할지 고민하기를 바란다.

림프관리로 얼굴선 만들기

어느 날 네일 담당 원장님이 나를 불렀다. 페디큐어를 받고 있는 여성이 보였다. 네일 원장님이 "피부 원장님, 고객이 원하시는데 피부 상담 좀 부탁드려요"라고 말해왔다. 나는 "고객님, 어디가 고민이실까요?"라고 되물었다. 그녀는 자신의 얼굴선이 매끄럽지 않고 울퉁불퉁한 것이 고민이라고 하며, 얼굴선이 살아날 수 있을지 물었다. 나는 그녀에게 마스크를 벗으라고 하고 얼굴을 살펴보았다. 그녀는 답답한 듯 말했다.

"제 얼굴이 남자같이 강하게 보이죠! 전에는 괜찮았는데, 시간이 갈수록 얼굴 라인이 울퉁불퉁해 속상해요."

"림프 순환이 안 되면 광대와 턱이 튀어나와서 얼굴선이 강하게 보여요."

"아침에 일어나면 얼굴이 엄청 붓고, 목과 어깨통증도 있어요. 두통이 한번 오면 약을 줄곧 먹어도 쉽게 사라지지 않아요. 원장님, 제일 효과 있는 프로그램으로 예약해주세요. 원장님을 보니 믿음이 가요."

확실히 그녀의 얼굴은 이미지가 강하게 느껴졌다. 전체 얼굴선이 울퉁불퉁해서 부드럽지 않고 강하게 보이는 것이 문제였다. 눈, 코, 입의 이목구비가 뚜렷하고 예뻤지만, 얼굴선이 강해서 세게 보였다. 그녀는 예약한 날에 와서 갈바닉 전체 성형관리를 받았다. 피부관리를 많이 받아봐서 차이점을 알 수 있다고 말하며 기대가 된다고 했다. 그녀는 피부관리를 받는 중에 화들짝 놀라며 말했다.

"원장님, 이런 관리는 처음이에요. 우와~ 엄청 아파요! 참아야 겠죠?"

"고객님, 지금 림프관리 중이라 제일 아플 수 있어요. 오늘 처음 관리를 받는 날이고, 혈을 누르고 근육을 이완해 순환시키기 때문에 무조건 아파요. 참으셔야 해요! 처음만 아프지 조금 지나면, 아프지 않고 시원한 느낌이 와요."

"원장님, 한번 참아볼게요! 확실히 시간이 지날수록 참을 만하네요."

피부관리를 받을 때 아픈 이유가 있다. 이유 없이 아프기만 하면 화가 나지만 아픈 이유가 있기 때문에 대부분 고객은 참는다. 왜냐하면 내가 만지는 곳이 평소에 불편한 곳이기 때문이다. 특히 턱선의 근육과 근막을 이완할 때 걸리는 느낌은 고객도 느낄 수 있기 때문에 자신의 몸에서 안 좋은 부위가 증명되기 때문이다.

피부관리가 끝나고 그녀는 거울을 보기 시작했다. 광대, 입술, 턱이 부어 있었다. 특히, 턱선에는 멍이 들었고, 호전반응으로 부종과 발진이 나타났다. 그녀는 놀랐지만, 피부마사지를 많이 받아봐서 그런지 이해했다. 그녀는 "원장님, 얼굴이 엄청 부었어요. 며칠 가겠죠?"라며 물었다. 나는 붓기가 보통 이틀에서 일주일까지 있다가 사라지니 걱정하지 않아도 된다고 안심시키며 말했다. 그녀는 20년 넘게 피부관리를 받아봐서 너무 잘 알지만, 갈바닉 성형관리는 생소하고 이런 피부관리는 처음 받아본다고 했다. 또, 내가 혼자서 피부관리하는 이유를 알겠다며 직원이 그 기술을 따라할 수 없겠다고 말했다. 나는 갈바닉이 효과가 있기 때문에 내 얼굴도 매일 관리하고 있다고 말하며 좋게 평가 해주셔서 감사하다고 말했다.

그녀가 두 번째로 방문한 날, 신기하다는 듯 말했다.

"원장님, 이틀 정도 부었다가 괜찮아졌어요. 그리고 효과가 나타났어요. 얼굴선이 조금 정리된 느낌이 들어 신기해요. 오늘도 기대하고 있어요!"

"관리를 받을 때마다 조금씩 달라지는 효과를 느끼실 거예요. 고객님은 평소에 자기관리를 잘해서 다른 사람보다 효과가 배가될 거예요."

그녀는 처음 받을 때보다는 덜 아프다고 했다. 나는 나중에는 피부관리를 받으며 잠도 자게 될 것이고, 특히 얼굴 주름의 근막을 제거할 때 많은 분이 잠이 든다며 조금만 기다려보라고 했다. 관리가 끝나고 거울을 뚫어지게 보고 있던 그녀는 오늘은 턱에만 멍이 조금 있고, 기분 좋게 관리를 받았다고 계속 거울을 보며 말했다. 나는 이제 붓는 현상도 덜할 거라고 말해줬다. 그녀는 광대가 내려가서 얼굴폭이 줄었고, 입술도 편해지고, 사각인 턱이 매끈해졌다며 거울을 자꾸 보게 된다고 말했다.

그녀는 그날 사진을 찍어서 보내왔다. 첫날과 둘째 날 피부관리를 받고 난 얼굴을 찍은 사진인데, 얼굴선이 완전히 달라진 것을 확인할 수 있었다. 그녀도 달라진 얼굴에 놀란다며 매주 사진을 찍어서 보내왔다. 그녀는 남성처럼 강한 이미지가 완전히 사라졌고, 다른 사람이 되었다. 울퉁불퉁한 얼굴선은 매끈해졌고, 얼굴도 작아졌다. 주변에서 예뻐지고 달라졌다고 보는 사람마다 칭찬을 한다고 했다. 그녀는 피부관리를 받으러 올 때마다 달라지는 얼굴선에 감탄했다. 네일 원장님도 그녀의 얼굴을 보고 화들짝 놀랐다.

"원장님, 제가 소개했던 분이요. 네일케어를 받으러 왔는데 완전 다른 사람이 됐어요. 얼굴선이 매끈해지고 부드러워져서 여성스러워졌어요. 각진 얼굴이 전혀 없는 게, 진짜 신기해요."

나는 네일 원장님이 소개해서 더 열심히 피부관리를 했다고 농

담처럼 말했다. 확실히 그녀의 얼굴선은 빠르게 달라졌다. 얼굴에 있는 림프를 직접 강제 순환시켜 근육과 근막에 있는 독소와 노폐물을 빠르게 배출함으로써 예쁜 얼굴선이 만들어지는 효과가 나타난 것이다. 림프가 정체되거나 쌓이면 얼굴선은 매끈하지 않으며 예뻐질 수 없다.

그녀는 림프관리로 자신의 얼굴선을 찾을 수 있었다. 얼굴선이 울퉁불퉁한 사람은 턱의 아랫부분인 하악골이 정체되어 단단하고, 턱이 각져 있다. 턱의 윗부분인 상악골은 특히 윗입술의 세로줄 근육이 발달되어 있다. 양볼의 튀어나온 부분인 관골, 흔히 말하는 광대뼈가 튀어나와 강한 인상을 준다. 하악골, 상악골, 관골, 이 세 곳의 근육이 발달하거나 순환되지 않아 노폐물이 쌓이면 얼굴선이 울퉁불퉁해질 수 있다. 갈바닉으로 근육과 근막을 이완해 림프액이 원활하게 흐르게 하면, 숨어 있던 자신의 얼굴선이 드러난다. 갈바닉으로 귀밑 림프 근육을 아래쪽 방향으로 밀착해 밀어주면, 턱선에서 걸림과 뭉침을 느낄 수 있다. 이때 걸리는 근막은 주름이 되거나 얼굴선을 울퉁불퉁하게 만드는 요인이 된다.

림프관리를 할 때, 목관리와 턱관리를 해서 이완시키기 때문에 얼굴이 자연스럽게 작아진다. 단단한 근육과 근막이 쌓여 걸리는 것을 이완시키고 풀어주면 독소와 찌꺼기가 배출되어 턱선이 정리되어 예쁜 얼굴선이 만들어진다. 그리고 귀밑 림프는 목 림프와 연결되어 있다. 목 림프는 목옆에 있는 근육을 아래쪽 방향으로 순환하면, 견갑거근에서 걸리는 경우가 많다. 이때 근육과 근막을 이완해 늘려주면 목이 가늘어지고 길어지는 효과가 있다. 목 림프는 쇄골 림프와 연결되어 있다. 쇄골 림프는 쇄골 위 움푹 파인 곳에 있는 사각근을 이완시키고 풀어주면 목이 좌우로 잘 움직일 수 있게되어 목이 편해진다. 이 쇄골 림프는 겨드랑이 림프와 연결되어 있는데, 이 겨드랑이 림프에는 상반신에 있는 림프가 모여 있다. 갈바닉으로 겨드랑이의 노폐물을 배출시키면 마지막 순환이 된다.

갈바닉 림프관리는 림프가 잘 흐르고 순환될 수 있도록 도움을 준다. 림프는 서로 연결되어 있기 때문에 한 부분만 관리하는 것보다 연결된 림프 모두를 이완시켜야 얼굴선이 달라질 수 있다. 림프와 림프는 연결되어 있기 때문에 림프의 흐름이 원활하게 순환되면 얼굴선은 자연스럽게 나타나게 된다. 림프 순환이 안 되는 사람은 림프에 갈바닉으로 직접 근육를 이완시키면서 빠른 변화를 준다. 림프액이 빠른 순환을 돕기 때문에 부드러운 얼굴선을 만들 수 있다. 아름다운 얼굴선을 만들기 위해서는 무엇보다 중요한 것이 바로 림프의 순환이라는 사실을 기억하기를 바란다.

얼굴을 작게 만드는 습관

    30대 중반의 키도 크고 스타일이 좋은 여성이 숍을 방문했다. 그녀는 아이 둘을 출산하고 어느 순간 거울을 통해 얼굴을 보니 늙은 것 같아서 피부관리를 받아야겠다는 생각이 든다고 했다. 피부도 칙칙하고, 얼굴이 커진 것 같다며 답답한 마음을 토로했다. 나는 옛날에 엄청 예쁘셨겠다며, 지금도 얼굴이 예쁘시고, 고민할 만큼 얼굴도 크지 않다고 정확히 말해줬다. 그녀는 3주 후, 남편 친구와 부부동반 모임에서 여행을 가는데, 자신은 남편과 동갑인데, 남편 친구의 와이프들이 자기보다 훨씬 어려서 주눅이 들고, 나이가 들어 보일까 걱정된다고 했다. 나는 부부동반 모임까지 3주 시간이 있으니 고객의 얼굴이 작은 편이라 갈바닉 부분관리도 가능하다고 했다. 그러나 그녀는 제일 효과가 있는 갈바닉 전체 성형관리를 선택했다.

　피부관리를 받기 시작하고 그녀는 자신의 얼굴이 작아졌으면 좋겠고, 피부도 깐 달걀처럼 매끈하고, 깨끗했으면 좋겠다고 했다. 나는 지금도 안 늦었고, 나도 아이들을 키우고 서른여덟 살부터 운동하고, 자기관리를 시작했다고 이야기해줬다. 그리고 여자는 결혼과 출산, 육아까지 하느라 정신없지만, 너무 늦지 않게 자기관리를 시작하면 된다고 했다. 지금이 자신을 돌아볼 수 있는 나이고, 자기관리를 시작하기 좋은 시기라고도 덧붙였다.

　그녀는 지금 육아 휴직 중이고, 1년 후 복직하는데, 지금 할 수 있는 모든 것을 해보려고 한다고 했다. 운전면허를 취득해 운전을 시작했고, 시간 있을 때 피부관리도 받고, 예뻐지고 젊어진 상태로 회사에 복귀하고 싶다고 했다. 나를 보니 자기관리가 필요하다는 생각이 든다고도 했다.

　피부관리가 끝나고 그녀는 거울을 보다가 "원장님, 제 얼굴이 큰 것 같아요. 작은 얼굴이 되고 싶어요. 아래턱이 크고 처진 것 같아요"라고 말했다. 나는 "고객님 얼굴은 크지 않아요. 단지, 입술에 있는 근육 문제 때문에 아래턱이 크게 느껴져 얼굴이 크게 보이는 것 뿐이에요. 윗입술이 두툼하고, 입술꼬리가 내려가 근육이 아래쪽으로 처져 늘어지게 보이는 거예요"라고 얼굴 상태를 정확히 말해줬다.

　그녀는 자신이 어떻게 해야 하냐고 물었다. 나는 입술 꼬리를 올리는 습관을 가져야 한다고 말해줬다. 하관이 크게 보이는 이유는 입술꼬리가 아래쪽으로 내려가는 근육이 발달되어, 늘어지고 처지게 보이기 때문이라고 그녀의 상태를 정확히 말해줬다. 그녀는 그렇게 말해주는 사람이 없었다며 몰랐던 사실이라고 말했다. 나는 그녀의 잘못된 습관을 지적했다.

"제가 고객님 얼굴 근육을 직접 만져봤기 때문에 알 수 있어요. 이미 발달된 입술 부위는 제가 주름 근막 제거로 줄어들게 할 수 있지만, 잘못된 습관이 계속되면 하관이 커지는 느낌을 받을 수 있어요. 무표정은 입꼬리내림근이 발달해 강하게 만들어져요. 반대로 웃는 표정의 입꼬리를 위쪽으로 올리는 습관을 가져야 입꼬리당김근이 발달하고, 그래야 처짐이 덜해져 얼굴이 작아지는 느낌이 들어요."

그녀는 무표정하게 있으면 안 되겠다고, 웃는 표정으로 입꼬리를 계속 올리는 습관을 가질 수 있게 노력해야겠다고 대답했다. 나는 그녀의 얼굴에 대해 자세히 설명해줬다.

"고객님 얼굴은 절대 큰 얼굴이 아니에요. 오히려 작은 얼굴임에도 불구하고 잘못된 습관으로 균형이 깨져 다른 부분에도 영향을 주고 있어요. 얼굴에서 입술이 마음에 들지 않기 때문에 그것만 보이는 거예요! 입술 모양은 예뻐야 해요. 나이 먹을수록 세월의 흔적을 입술이 그대로 받게 되거든요. 발달된 입술 근육은 주름이 단단해지며 두툼하게 됩니다. 두툼한 윗입술의 발달된 근육를 이완해 예쁜 입술선을 만들어야 됩니다. 두툼한 입술이 내려가면 매끈한 턱선이 되어 작은 얼굴이 될 수 있어요."

그녀 얼굴은 큰 얼굴이 아니다. 하지만 그렇게 느끼는 것은 무표정한 표정이 굳어졌고, 그로 인해 굳어진 근육이 발달해 커지게 되어 얼굴도 크게 보이는 현상이 나타난 것이다. 입술 근육으로는 입둘레근(구륜근), 입꼬리내림근(구각하제근), 입꼬리당김근(소근)이 있다. 그녀는 입술 근육 중 입꼬리내림근이 강하게 발달해 무표정한 표정이 되었다. 입꼬리내림근은 발달되면 두텁고 강하게 근막이 형성되는데, 중력의 힘으로 아래로 처지면서 얼굴이 크게 보이는 것이다.

웃는 표정의 입술 근육은 입꼬리당김근이 위쪽으로 발달한다. 때문에 웃는 표정의 습관은 볼근육과 연결되어 있어 쉽게 처지지 않는다. 그래서 나이 먹을수록 근육이 약해져 얼굴 표정이 나빠질 수 있다. 표정이 없는 얼굴은 좋은 인상이 될 수 없다. 무표정보다는 웃는 표정을 가지려고 노력하면 작은 얼굴을 만들 수 있는 가능성이 높다.

어느 날, 스물여섯 살의 젊은 여성이 상담실을 찾아왔다. 그녀는 나를 보자마자 얼굴을 보여주며 한탄했다.

"원장님, 제가 큰 얼굴 때문에 스트레스를 받고 있어요. 이중턱도 있고 얼굴선이 무너졌어요. 원장님한테 피부관리 받아보고 안 되면 성형 수술을 할 생각이에요."

"고객님의 얼굴과 연결된 목과 어깨의 근육이 많이 뭉쳐 있어요. 얼굴선이 무너져서 목도 굵고 어깨도 좋지 않아요. 얼굴에 있는 근육들이 짧고 단단해 경직되어 있네요. 근육을 이완시키는 스트레칭을 해야 되요."

"알고 있어요. 좋지 않은 자세 때문에 몸이 많이 힘들어요. 얼굴과 목이 시간이 갈수록 짧아지는 느낌을 받아요. 어쩌면 좋을까요?"

"고객님의 지금 상태는 하나만 문제가 아니라, 잘못된 습관으로 몸과 얼굴에서 여러 문제가 나타났어요. 얼굴과 연결되어 있는 근육이 짧아져 이완시키는 능력이 부족해 보이네요. 저도 노력하겠지만 근육의 이완을 돕는 스트레칭을 매일 하는 습관을 들여야 해요. 근육을 이완시키는 공간이 좁아요. 이 공간을 늘려야 몸과 얼굴도 좋아질 수 있어요."

"원장님이 도와주시면 저도 같이 노력해볼게요."

그녀는 얼굴과 목과 어깨의 균형이 무너져 있었다. 얼굴선이 목과 바로 연결되어 목이 짧고, 어깨선도 좁게 보였다. 얼굴에서 목으로 내려오는 턱선이 없이 연결되어 얼굴이 크게 보였고, 승모근은 단단하게 경직되어 두통도 있다고 했다. 턱 아래쪽 면적이 좁아 이중턱도 심했고, 얼굴의 윤곽이 무너져 얼굴이 커 보였다. 나는 갈바닉으로 얼굴 윤곽과 연결되어 있는 근육을 이완시키고 단단한 막도 부드럽게 끊어주었다. 단단하고, 짧고, 좁아진 근육을 이완해 공간을 늘리고 턱선을 만들어 더 작은 얼굴로 만들 수 있었다. 스트레칭으로 단단한 근육을 풀어주는 습관이 그녀에게 가장 필요했다. 그녀는 숍을 매주 방문했고, 한 주라도 건너뛰면 불안하다고 했다. 나는 지금도 그녀의 작은 얼굴을 만들기 위해 얼굴 근막 제거에 집중해 관리하고 있다.

우리 모두가 작은 얼굴을 소망한다. 작은 얼굴에 눈, 코, 입이 꽉 찬 얼굴을 많이 사람들이 선호한다. 작은 얼굴을 가지기 위해서는 좋은 습관을 가져야 한다. 긍정적인 생각을 많이 할수록 행복한 호르몬을 분비해 얼굴이 작아지고 예뻐질 수 있다. 어떤 일을 하더라도 자세가 틀어지지 않도록 해야 한다. 왜냐하면 근육이 잘못 발달되면 몸의 불균형이 나타날 수 있기 때문이다. 한쪽 방향으로 기울여 TV를 보는 자세, 스마트폰을 할 때 숙이는 자세, 엎드려 자는 자세 등으로 한쪽이 기울어지면 균형을 맞추기 위해 다른 한쪽도 기울어지게 된다. 이런 습관으로 몸과 얼굴이 비대칭을 보이면 얼굴이 커질 수 있기 때문에 바른 자세를 갖는 습관이 중요하다.

잠잘 때도 똑바로 누워서 팔과 다리를 펴서 자는 습관을 가져야 부종이 없는 작은 얼굴이 될 수 있다. 특히, 바로 누워서 잘 때 어깨를 쭉 내려 자는 습관을 가져야 한다. 잘 때 자신의 자세를 확인해봤을 때, 어깨가 귀에 붙을 것 같다면 잘못된 자세라고 할 수 있다. 다리 밑에서 누가 잡아당기는 느낌이 들 정도로 어깨를 아래로 내리는 습관이 필요하다. 이런 바른 자세를 해야 목과 어깨가 편해질 수 있다.

작은 얼굴을 만들기 위해서는 얼굴 근육 중 한쪽이 발달되지 않도록 노력해야 한다. 얼굴의 다양한 표정 근육을 자주 사용해 탄력이 좋게 만들어야 된다. 이런 작은 습관이 모여야 예쁘고 작은 얼굴을 만들 수 있다. 여러분이 이번 기회에 자신의 잘못된 자세나 오래된 습관을 찾아 개선하고 작은 얼굴을 가질 수 있기를 소망한다.

강해 보이는 사각턱, 날렵한 V라인 만들기

강해 보이는 각진 사각턱은 턱 근육과 저작 근육을 이완해야 된다. 턱 근육은 턱끝근(이근)이 있고, 턱 근육과 연결되어 있는 입술 근육은 아랫입술내린근(하순하제근), 입꼬리내림근(구각하제근)이 있다. 저작 근육으로는 깨물근(교근), 관자근(측두근), 안쪽날개근(내측익돌근), 가쪽날개근(외측익돌근)이 있다. 이러한 여러 근육 중 아래턱뼈, 교근, 이근의 갈바닉 관리가 각진 턱 개선에 가장 직접적인 효과를 줄 수 있다.

아래턱뼈(하악골)는 안면골 중 가장 길고 크며 단단한 뼈로, 턱 아랫부분에 있고, 아래턱뼈의 각진 사각턱은 경직된 근육과 강한 근막으로 형성되어 있다. 이 아래턱뼈의 근육을 갈바닉 기술을 통해 좌우로 왔다갔다 50회 실시하면, 전체 하관 턱선이 작아지며 부드럽게 변화될 수 있다. 갈바닉 기술로 교근과 이근을 근육 방향으로 50회 실시하면, 각진 턱선이 작아지고 부드러워진다. 이때 이완시키는 과정에서 딱딱하게 걸리는 근막을 부드럽게 풀어줘야, 각진 사각턱이 이완되어 날렵한 V라인을 만들 수 있다.

어느 날, 30대 초반의 여성이 상담실을 방문했다. 그녀는 자신의 얼굴에 관심이 많았다.

"원장님, 제 얼굴이 마음에 안 들어요. 얼굴에 각진 사각턱이 너무 보기 싫어요. 광대도 다른 사람보다 튀어나와 있어요. 얼굴에 살도 없는데, 각진 턱과 광대 때문에 인상이 강해 보여 속상해요. 부드러운 이미지로 보였으면 좋겠어요."

"고객님 얼굴에 살이 없어 부분 성형관리를 받으면 될 것 같아요."

그녀는 작은 얼굴이지만 두 곳에 각진 곳이 있었다. 그리고 볼에 살이 없어서 갈바닉 전체 성형관리를 권유하지 않고 갈바닉 부분 성형관리를 권유했다.

"원장님께 확실하고 효과 있는 관리를 받고 싶어요. 검색해서 갈바닉 전체 성형관리의 정보를 알고 왔어요. 제가 원하는 관리라고 생각했고, 제 얼굴에 맞겠다는 생각이 들었거든요. 제 생각이 맞겠죠?"

나는 마스크를 벗은 그녀의 얼굴을 유심히 살펴보았다. 각진 턱선과 돌출된 옆 광대로 인해 인상이 강하게 보였다. 약간 튀어 나온 앞 광대는 젊어 보이지만, 옆 광대가 튀어나오면 촌스럽고 강하게 보일 수 있기 때문이다. 깨끗하고 투명한 그녀의 피부에 많은 비용이 든 것 같았다.

그녀는 자신의 얼굴이 어떻냐고 물었다. 나는 그녀에게 피부는 좋은 반면, 얼굴 라인이 예쁘지 않다고 말했다. 제일 먼저 강해 보이는 턱선을 정리해야 되고, 옆 광대도 돌출되어 있어 얼굴 옆폭을 줄여야 한다고 얼굴 상태를 정확히 말해줬다. 그녀는 걱정스러운 듯 말했다.

"제 얼굴도 원장님이 할 수 있겠죠? 제가 안 해본 게 없어요. 인스타에서 많은 정보를 보고, 한 번 받는 비용이 700만 원 하는 관리도 받아봤지만, 그때만 좋았고 시간이 지나면서 효과가 없었어요. 얼굴에만 몇 천만 원 비용이 들었지만, 확신이 드는 곳이 없었어요. 그래서 내게 맞는 관리를 찾으려고 시간만 나면 검색을 많이 해요. 그러다 원장님의 갈바닉 성형관리를 알게 됐어요. 원장님이 관리하는 프로그램으로 피부관리를 받으면 좋겠다는 생각이 들었어요. 제 얼굴도 가능할까요?"

"고객님이 원하는 관리가 될 거예요. 피부관리를 받으면서 동시에 얼굴이 성형되는 관리는 제가 우리나라에서 처음이자 마지막일 거라고 자신합니다. 저와 똑같이 하는 곳도 없고, 따라 할 수도 없을 거예요. 제가 만든 프로그램이고, 지금도 계속 연구 중이기 때문이죠! 믿고 받아보세요. 고객님이 원하는 관리라고 저는 확신해요! 그리고 고객님 얼굴은 부분적으로 문제가 있기 때문에 조심스럽게 관리해야 합니다. 아무나 만질 수 없는 얼굴이에요."

"제 얼굴을 보고 확실하게 된다고 말한 사람은 원장님이 처음이에요. 원장님의 자신감과 열정을 믿어요. 원장님이 제 얼굴을 예쁘게 만들어 주세요!"

나는 피부관리를 받고 나면 기술을 인정하실 거라고 자신 있게 대답했다. 그녀는 피부관리를 받으면서 줄곧 감탄했다. 그녀는 자신이 피부관리를 많이 받아봤지만 본 적이 없는, 경락인 것도 같고, 기계관리인 것도 같은 신개념의 엄청난 프로그램이라고 감탄하며 말했다. 관리가 시작되고 어느 정도 시간이 지난 후 그녀는 걱정하듯, 자신은 몸이 약한 편이라 걱정이 된다고 했다. 피부관리를 받는 중 그녀의 얼굴이 갑자기 붉어지고 붓기 시작한 것이다. 나는 "고객님, 평소에 혈액 순환이 안 되나요? 턱과 광대는 물론이고 목과 어깨가 엄청 딱딱하고 뭉쳐 있어요. 저도 모르게 뭉친 근육을 이완시키다 보면 압이 강해져요. 그래서 붓기도 하고 어혈이 나타날 수 있어요. 피부관리를 받고 난 후, 거울을 보고 놀라지 마세요"라며 걱정스럽게 말해 줬다. 그녀는 보기와 다르게 자신의 몸이 엄청 안 좋아서 예상하고 있으니 걱정하지 말라고 했다.

그런데 막상 피부관리를 받고 거울을 보자 그녀는 화들짝 놀랐다. 얼굴 여기저기가 상처투성이처럼 망신창이가 된 것이다. 나는 내심, 망신창이가 된 얼굴을 처음 온 고객이 이해할 수 있을지 걱정이었지만, 순환이 안 되는 몸이라 한 번은 거쳐야 할 상황이었다. 그녀는 거울을 보며 "원장님, 제 얼굴 맞죠? 얼굴에 어혈과 붓기가 너무 심해요. 제 몸은 순환이 잘 안 되는 편이라, 멍과 붓기가 오래 갈 것 같아요"라며 당황했다. 나는 "고객님한테는 갈바닉 전체 성형관리가 너무 강한 것 같아요. 만약에 계속 피부관리를 받으려면, 갈바닉 부분 성형관리를 받는 것이 좋겠어요. 고객님 생각은 어떠세요?"라며 되물었다. 그녀는 "원장님, 저도 지금 그런 생각을 했어요. 앞으로 갈바닉 부분 성형관리로 받을게요"라고 담담히 대답했다. 나는 "고객님, 얼굴은 괜찮겠어요? 어혈이 많이 올라와서 당황스럽네요. 이 정도 어혈은 비만인 분들한테나 나타나거든요. 마른 분이 이 정도라면, 순환에 문제가 있는 것 같아요. 평소에 운동을 하나요?"라고 되물었다. 그녀는 운동은 안 한다고 했다. 동네 한 바퀴만 돌아도 다음 날 회사에서 조퇴하고 올 정도로 체력이 약하고, 운동을 하고 싶어도 체력이 안 따라줘서 못한다고 했다. 나는 체력과 면역력이 떨어지면 만성 피로로 힘들 수 있으니, 운동을 해야 체력이 조금씩 좋아진다고 걱정스럽게 말했다. 그녀는 자신의 몸이 약하고 건강하지 않다는 생각을 떨쳐버리지 못했다. 그래서 일상생활도 힘들어했다.

보통 얼굴이 작은 고객은 피부관리를 받을 때 갈바닉 부분 성형관리를 권유한다. 왜냐하면 관리를 받으면 살이 없는 부분이 더 수축되어 보이는 현상이 나타나기 때문에 고객은 불안함을 느낀다. 이틀만 지나면 부기가 빠져 돌출된 곳이 작아지게 되어 달라짐을 느낄 수 있다. 하지만 피부관리를 받은 직후 그날의 얼굴을 보면 가장 좋지 않은 상태가 된다. 갈바닉은 이틀이 지나야 효과가 나타난다. 그래서 얼굴이 작지만 각진 곳이 있는 얼굴 관리는 힘든 편에 속한다. 피부관리가 힘든 것보다 고객을 이해시키는 것이 힘들기 때문이다. 기다림의 미덕이 필요하다. 하지만 대부분 고객은 빠른 판단에 익숙하고, 남의 말에 혼돈한다. 내 기술은 경락도 아니고 일반 피부관리도 아닌, 신개념 피부관리 프로그램이라서 무엇이라고 말할 수 없다. 즉, 갈바닉 기술, 근육의 방향과 움직임, 혈자리의 3가지 기술이 합해진 신개념 프로그램이다. 기존에 없는 기술을 만들었기 때문에 표현하기가 힘들다. 하지만 기술을 개발한 나를 믿고 꾸준히 피부관리를 받으면 달라지는 자신과 마주할 수 있게 된다. 천천히 피부관리를 받을 때마다 달라지는 자신을 볼 수 있다고 확신한다. 내 얼굴로 증명하고 있기 때문이다.

　나는 믿지 못하는 고객에게 관리를 권유하지 않는다. 이해시키는 것이 너무 힘들고, 고객의 고집은 내가 케어할 수 있는 부분이 아니기 때문에 그냥 쿨하게 보낸다. 아무리 좋은 관리라도 모든 사람에게 통하지는 않을 것이다. 믿고 따라와주는 고객들의 피부관리만 하고 싶다. 시간과 정성이 많이 들어가는 관리이기 때문에 선택적으로 관리하고픈 마음이 드는 것은 어쩔 수 없다.

그녀는 나를 믿었기 때문에 얼굴이 달라지기 시작했다. 2주에 한 번씩 피부관리를 받았는데, 피부관리 8회를 받고 난 후부터 얼굴이 달라지기 시작했다. 그녀의 각진 턱은 V라인으로 날렵해지고, 옆 광대도 작아져 부드러운 얼굴이 되었다.

나는 그녀의 커진 옆 광대와 강하게 보이는 사각턱에 긴장된 근육을 이완시키고, 강한 근막을 부드럽게 끊어주었다. 이완된 사각턱은 부드러운 이미지가 되었다. 그래서 그녀의 강해 보이는 사각턱은 날렵한 V라인이 되었다. 강해 보이는 사각턱은 달라지기 시작했다. 그녀는 관리를 받고 나서 자신감을 회복할 수 있었다. 또한 그녀는 림프 순환이 잘되지 않아 얼굴로 문제가 나타나기 일쑤였는데, 얼굴의 돌출된 부분에 주름 근막을 제거해 부드럽게 이완했다. 쌓이고 뭉친 근육을 이완해 매끈한 얼굴이 될 수 있었다. 특히, 그녀는 사각턱과 광대가 쌓이는 얼굴이었기에 올 때마다 사각턱과 광대를 중심으로 관리에 집중했다. 그녀는 기분 좋게 말했다.

"원장님, 피부관리를 받기 전에는 마스크 벗기가 무서웠어요. 마스크를 벗은 내 얼굴을 보고 사람들이 무심코 내뱉는 말에 상처를 받았지만, 요즘은 마스크를 자신 있게 벗어요. 보는 사람마다 얼굴이 부드러워졌다며 시술을 받은 줄 알아요. 내가 피부마사지를 받는다고 해도 믿지 않아요. 대부분 피부관리로 성형이 된다는 사실을 믿지 않기 때문이죠! 제가 진실을 말해도 사람들은 믿지 않고,

시술을 받고 거짓말하고 있다고 생각해요."

"네, 맞아요. 우리 숍에 다니는 고객만 피부관리를 받으면서 성형이 된다는 사실을 알죠."

"원장님한테 피부관리를 받아보면 그만둘 수가 없네요."

지금도 그녀는 우리 숍의 단골이다. 그때로부터 1년이 지난 지금은 2주에 한 번씩 피부관리를 받고 있다. 피부관리를 받을 때마다 얼굴 상태를 보고 부분으로 나누어 피부관리하는 갈바닉 부분 성형관리를 받았다. 갈바닉 부분 성형관리는 얼굴 중 위쪽과 아래쪽으로 나누어 매주 번갈아 얼굴 상태를 보고 피부관리를 한다. 갈바닉 부분 성형관리는 얼굴이 작거나 볼살이 없는 사람에게 맞는 관리이다. 얼굴에 부분적으로 근육이 발달해 돌출되거나 매끄럽지 않는 부분을 집중적으로 관리하는 프로그램으로, 광대가 돌출된 얼굴이거나 사각턱인 경우에 많이 이용한다. 얼굴은 작지만 부분적으로 발달된 근육을 이완시키는 프로그램이라고 볼 수 있다.

갈바닉 부분 성형관리 중 위쪽 부분관리는 코와 광대 이마를 중심으로 주름 근막을 제거하는 피부관리다. 특히 광대가 돌출되거나 심술보가 심한 경우에 좋다. 그리고 아래쪽 부분관리는 이중턱, 턱선, 입술의 주름 근막을 제거하는 관리다. 특히, 사각턱이거나 불독주름이 심한 경우에 아래쪽 부분관리를 추천하고 있다. 그래서 고객은 매주 올 때마다 아래쪽과 위쪽을 나누어, 얼굴 상태를 보고 선택해 피부관리를 한다.

고객의 얼굴에 심술보와 불독주름이 둘 다 있는 경우, 얼굴 전체가 울퉁불퉁한 경우, 얼굴에 지방이 많아 커진 경우, 비대칭 얼굴인 경우는 얼굴 전체의 주름 근막을 제거하는 갈바닉 전체 성형관리를 권유하고 있다. 얼굴이 큰 사람은 갈바닉 부분 성형관리보다 갈바닉 전체 성형관리를 추천한다.

　대부분 사람들이 V라인 턱선을 선호할 만큼 턱은 사람의 인상이 결정되는 부분이다. 눈, 코, 입이 아무리 예쁘더라도 사각턱이라면 좋은 인상을 주기 어렵기 때문이다. 턱관절과 뼈의 문제도 있지만, 경직되고 굳어진 근육과 노폐물이 두껍게 쌓여 사각턱이 될 수도 있다. 얼굴은 수많은 혈관, 신경, 근육 등이 유기적인 상호관계를 맺고 있다. 그중에서 근육은 외적인 이미지에 큰 변화를 주기 때문에 근육의 모양과 방향을 이해해야 된다. 갈바닉은 뭉친 근육을 근육 방향과 반대 방향으로 부드럽게 이완시키고, 걸리는 막은 강하고 짧게 끊어주는 프로그램이다. 이 프로그램을 통한 즉각적인 변화로 림프의 순환과 얼굴의 깊은 주름이 완화되는 것을 확인할 수 있다.

　나는 갈바닉으로 사각턱을 V라인으로 만들 수 있는 프로그램을 개발했고, 지금도 끊임없이 연구하고 있으며, 효과를 입증하고 있다. 무리한 시술을 하지 않고, 부작용이 없는 피부관리를 통해 강해 보이는 사각턱을 날렵한 V라인으로 만들 수 있다는 사실을 많은 사람들에게 알리고 싶은 마음이다.

비틀어진 턱, 비대칭 관리법

　50대 초반의 여성이 숍을 방문했다. 그녀는 얼굴에 고민이 많은 듯 보였다.

　"제가 안면 신경마비를 앓았어요. 갑자기 이상한 느낌이 오다가, 왼쪽 얼굴에 마비가 와서 일주일 동안 엄청 심해졌는데, 2주 지나니 좋아지기 시작했어요. 그런데 얼굴 왼쪽 턱, 코, 입이 비틀어졌어요. 특히, 턱과 코에 심한 후유증이 나타나 스트레스를 엄청 받고 있어요. 사람 만나기가 꺼려져요. 완벽하지 않아도 좋으니 얼굴의 어색한 느낌만 없어졌으면 좋겠어요. 가능할까요?"

　나는 고객에게 내가 할 수 있는 데까지 노력해보겠다고 말했다.

　그녀의 얼굴 근육은 경직되어 있었다. 갈바닉 기기로 턱 전체를 좌우로 50회 순환시켰다. 특히 비틀어진 턱은 교근이 심하게 발달해 단단했고, 저작 근육 중 안쪽날개근(내측익돌근)이 딱딱하게 경직되어 있었다. 나는 교근과 안쪽날개근을 갈바닉으로 50회 이상 부분적으로 집중해 근육을 이완시키고, 단단한 막은 끊어주어 부드럽게 했다.

그녀의 얼굴은 입과 코도 비틀어져 좌우가 다른 비대칭 얼굴이었다. 얼굴 왼쪽에 있는 근육과 턱 근육은 많이 뭉쳐 있었다. 갈바닉을 사용하면 더 세밀하게 근육과 근막의 위치, 세기를 쉽게 파악 알 수 있기 때문에 직접적인 관리를 할 수 있다. 그래서 메스를 대지 않고 근육이 과하게 발달된 곳을 찾아내고, 단단한 근육과 근막을 이완해 제거하는 기술을 개발했다. 뼈의 이상이 아닌 이상 대부분은 근육의 발달과 습관 때문에 얼굴이 변하므로 근육을 잘 이완시키고 풀어주면 부작용없이 성형의 효과를 낼 수 있다. 그녀의 얼굴도 뼈의 이상보다는 안면 신경마비로 경직된 근육 때문에 후유증으로 얼굴의 비틀어짐 현상이 나타난 것이다. 이 경우 시간이 지나면 없어지기도 하지만 직접적으로 근육을 움직이게 해 풀 수도 있다.

피부관리를 받을 때, 고객은 아무것도 하지 않고 쉬고 누워 있지만, 갈바닉 기기를 사용해 근육을 움직여 운동하는 효과를 볼 수 있다. 그로 인해 근육과 피하지방에 있는 찌꺼기와 노폐물을 배출하기 때문에 피부관리를 받고 나면 급격히 피로감을 느낀다. 그래서 갈바닉 관리를 받은 날은 무거운 물건을 들거나 운동하는 것을 피하는 것이 좋다. 근육을 이완시켜줬기 때문에 평소보다 근육이 힘을 쓰기 어렵기 때문이다.

그녀는 마사지와 피부관리를 받아본 경험이 많아, 피부관리 받는 동안 아픔보다 시원함을 느꼈다. 그래서 피부관리를 받고 좋아지는 것을 바로 느낄 수가 있었다. 그녀의 경우 홈케어도 병행해 조금이라도 빨리 좋아지게 하고픈 마음이 들었다. 하지만 잘못된 홈케어로 또 다른 문제가 나타났다.

몇 주 후, 피부관리를 받기 위해 그녀가 재방문했다. 그런데 그녀의 얼굴를 보자마자 놀랐다. 내가 몇 달 동안 관리를 통해 비틀어진 턱을 좋게 만들었지만, 오른쪽 턱이 왼쪽보다 현저하게 수축되어 더 비틀어진 턱이 되었기 때문이었다. 너무 놀라 그 이유를 물었더니 그녀는 턱 모양을 더 좋게 만들고 싶어서 마사지 기기로 턱을 마사지했다고 솔직히 말했다. 나는 집에서 홈케어 하는 것도 좋지만 평범한 턱이 아니기 때문에 신중하고 조심스럽게 접근해야 한다고 힘주어 말했다. 그녀는 비틀어진 턱을 하루 빨리 고치고 싶어서 그랬다며 뭐가 잘못됐을까 되물었다. 나는 그녀에게 혹시 오른손잡이인지 물었고, 그렇다고 했다. 그렇다면 혹시 마사지 기기를 오른손에 잡고 횟수를 세지 않고 마사지했냐고 물었더니 그녀는 TV를 보면서 아무 생각 없이 오른쪽 턱을 마사지했다고 말했다. 나는 정확하게 알려줬다.

"마사지를 하려면 숫자를 정확하게 세어서 해야 합니다. 마사지 기기 사용 시, 오른쪽에 20번 하면 왼쪽도 20번 해야 됩니다. 횟수를 세지 않고 한쪽에만 치중하면 턱 비대칭이 심해질 수 있어요. 집에서 혼자 마사지 기기는 당분간 하지 마세요. 마사지 기기를 사용하려면 양쪽 똑같이 숫자를 정확하게 세어서 해야 합니다."

"제가 오른쪽으로만 계속해서 그렇군요."

그녀는 그 후, 집에서 홈케어를 할 때 정확하게 숫자를 세어 한다고 했다. 나는 고객 얼굴의 주름 근막 제거를 할 때 횟수를 정확히 세면서 근육을 만진다. 양쪽 똑같이 횟수를 세지 않고 하면, 턱이 비대칭이 될 위험성이 커진다. 그녀의 비틀어진 턱은 수차례 피부관리를 받고 원래로 돌아올 수 있었다. 2년이 지난 지금도 그녀는 피부관리를 받을 때, 처음 왔을 당시의 이야기를 하며 웃는다. 왜냐하면 처음 방문할 때 그녀는 성형 수술을 고민했기 때문이다. 이제 그녀의 비틀어진 턱은 제자리를 찾았고, 지금은 성형하려는 고민조차 하지 않게 되었다. 그 누구도 비대칭이라는 말을 하지 않는 얼굴이 되었기 때문이다.

어느 날, 30대 후반의 여성이 상담실을 찾았다. 키도 크고 여성스러운 이미지였다. 그녀는 얼굴을 보여주며 자신의 고민을 말하기 시작했다.

"저는 마스크를 하면 부드러운 이미지인데, 마스크를 벗으면 비틀어진 턱 때문에 인상이 세 보인다고 고민이에요."

"혹시 한쪽으로만 음식을 씹는 습관이 있거나, 입술 근육을 잘 쓰지 않고 턱만 움직이는 습관이 있을까요?"

"한쪽으로만 음식을 씹는 습관이 있어요. 그리고 입술을 잘 벌리지 않는 것 같아요. 원장님, 저는 예쁜 얼굴을 바라는 것이 아니라 얼굴의 밸런스가 맞았으면 좋겠어요. 턱이 좌우가 달라 얼굴이 비대칭으로 보여요. 비틀어진 턱만 교정되면 비대칭으로 보이지 않을 것 같아요."

"제가 고객님의 비틀어진 턱의 근육을 최대한 풀어볼게요. 하지만 고객님도 나쁜 습관을 고치려는 노력을 하셔야 되요."

"네, 한쪽으로 씹지 않도록 할게요."

나는 그녀의 턱을 중심으로 성형관리를 했다. 그녀는 굉장히 말랐고, 볼살이 없었다. 비틀어진 턱을 관리할 때 볼의 근육을 잘못 만지면 얼굴이 더 말라 보이는 현상이 나타날 수 있기 때문에 조심스럽게 근육을 이완해야 했다. 그래서 살이 없는 부분은 제외하고 피부관리를 진행했다. 특히, 저작 근육의 교근이 심하게 뭉쳐 단단하기까지 했는데, '마른 몸에 이런 센 근육이 있을 수 있을까?'란 생각이 들 정도였다. 교근과 함께 입술 근육도 강하게 뭉쳐 있었다. 왜냐하면 턱 근육과 입술 근육은 연결되어 있기 때문이다. 한쪽 근육이 발달하면 연결되어 있는 근육 또한 발달된다. 그녀의 비틀어진 턱의 교근을 이완시키고 턱 전체의 근육을 풀어주었다.

그녀는 또한 입술을 벌리지 않고 오므려 말하는 습관으로 입술 주름이 심했다. 특히, 입꼬리내림근이 발달해 큰 주름이 있었다. 나는 갈바닉으로 입술 주변의 구륜근을 중심으로 넓게 이완시키고 처져 있는 소근과 입꼬리내림근의 센 막을 풀어주었다. 이완시키는 과정에서 주름진 곳에 끈끈한 막을 느낄 수가 있다. 그 막을 부드럽게 끊어주고 풀어줘야 주름이 완화되는 직접적인 효과를 볼 수 있다. 짧고 강하게 막을 끊어 제거하기도 하고, 길고 부드럽게 근막을 제거하기도 한다.

얼굴에는 많은 근육이 있지만, 한곳만 자주 쓰는 습관이 생기면 그 부분의 근육이 발달해 강해진다. 근육이 강해지면 얼굴에서 돌출되거나 두드러져 보인다. 그래서 돌출된 근육을 이완시키면 보통의 근육으로 돌아와 얼굴이 매끈해질 수 있다. 각자 얼굴 중에서 특별히 쌓이고 정체되어 커지는 부위가 다르게 나타난다. 얼굴에 근육이 있되, 발달된 곳 없이 매끈하게 골고루 분포되어야 튀어나온 곳 없이 부드러운 얼굴이 될 수 있다.

그녀는 피부관리를 받는 동안 아파했다. 주름진 곳에 센 근막이 있어 그것을 이완시키는 과정에서 약간의 통증이 유발되기 때문이다. 특히 그녀는 마른 편이라 근육이 없어 힘들어했다. 하지만 그녀는 끝까지 참았다. 자신의 몸에서 안 좋은 부분을 알기 때문에 참을 수밖에 없었다. 그렇게 관리를 받고 그녀는 비틀어진 턱을 대칭으로 되돌릴 수 있었다. 한 번을 받더라도 효과가 있어야 여러 번 받았을 때 최고치를 얻을 수 있다. 그 후로 그녀는 2주에 한 번씩 방문해 입술과 틀어진 턱의 근육을 풀어주었다.

비틀어진 턱을 관리하는 데는 저작 근육의 움직임이 중요하다. 현대인들은 정신적인 스트레스와 물리적인 스트레스로 인해 바르지 못한 자세로 근육이 긴장되어 얼굴 근육에 영향을 준다. 승모근의 발달과 저작 근육의 발달로 인해 얼굴선이 무너지고, 심하면 턱이 비틀어지기도 한다. 얼굴 표정은 신경의 영향을 받아 웃을 때 50개의 근육을 사용하고, 인상을 쓸 때는 43개의 근육을 사용한다. 우리는 씹고, 말하고, 웃고, 울면서 얼굴 근육을 사용하고 있다. 각자 사용하는 근육이 발달해 커지거나 강해지면 물리적인 현상에 의해 변형을 주게 된다. 어떤 사람은 턱이 강해지고 광대가 발달되는 경우가 있다. 그리고 치아의 배열로 인해 비대칭이 유발되는 경우도 많다. 비틀어진 치아 상태로 씹게 되면 턱은 한쪽만 발달해 비틀어질 수밖에 없다. 자신의 치아 상태와 저작 운동에 나쁜 습관은 없는지부터 확인해야 한다.

저작 근육에는 관자근(측두근), 깨물근(교근), 안쪽날개근(내측익돌근), 가쪽날개근(외측익돌근)이 있다. 위턱뼈(상악골)는 턱의 윗부분을 형성하는 한쌍이고, 아래턱뼈(하악골)는 턱 아랫부분으로 가장 크고 길며 단단한 뼈로 되어 있다. 보통 교근이 많이 발달하면 한쪽 턱이 비틀어져 있다. 비틀어진 교근의 근육 크기를 줄여야 반대 턱과 대칭을 이룰 수 있다. 비틀어진 한쪽 턱을 갈바닉으로 많이 이완해 근막을 제거하면 발달하고 커진 근육이 작아질 수 있다. 저작 근육인 관자근도 교근과 함께 이완해야 한다. 상악골과 하악골이 부드럽게 연결되어 비틀어짐 없이 이완되어야 저작 활동의 움직임이 원활할 수 있기 때문이다. 저작 근육으로 상악골과 하악골이 비틀어져 있지 않은지 확인해야 한다. 원인을 파악해야 그 부분을 집중적으로 관리할 수 있기 때문이다. 많이 쓰고 발달한 근육은 되도록 쓰지 않도록 주의해야 하며 반대쪽 근육을 쓰는 습관도 필요하다.

누구나 얼굴에 비대칭은 있다. 우리 얼굴은 양쪽이 똑같을 수 없기 때문이다. 하지만 상대방이 내 얼굴의 비대칭을 알아본다면 문제는 달라진다. 잘못된 자세로 몸이 틀어지면, 우리 몸은 틀어진 상태가 얼굴에 고스란히 나타난다. 얼굴은 우리 몸의 신호다. 잘못된 몸의 현상은 얼굴로 반영되어 얼굴이 틀어지고 비대칭으로 나타나기도 한다. 이때 근육을 잘 이해하고, 단단해진 뭉친 근육을 이완해 풀어주면 비틀어진 턱을 부드럽게 만들 수 있다. 당신의 턱이 잘못된 근육 발달로 인해 비대칭으로 틀어지지 않았는지 스스로 잘 확인해보길 바란다.

나이 들어 보이는 턱, 탄탄하게 만드는 법

　나이 들어 보이는 턱은 턱과 연결되어 있는 입술 근육과 저작 근육이 함께 늘어져서 그렇다. 심술보와 볼 처짐도 함께 나타날 수 있다. 특히, 탄력이 줄어든 상태의 근육은 지방까지 점점 증가하면 중력에 의해 늘어진 턱이 되어 아래로 처진다. 지방이 적고 근육이 골고루 분포할수록 탄탄한 얼굴이 되는데, 얼굴 뼈에 피부가 달라붙는 느낌을 받을 수 있기 때문이다. 하지만 반대의 경우, 즉 지방이 많고 근육이 적을수록 늘어지고 나이 들어 보이는 얼굴이 되며, 피부가 뼈에 달라붙지 않고 처지게 된다.

　어느 날, 60세의 고객이 상담실을 방문했다. 기업의 대표였던 고객은 젊어서부터 지금까지 피부 마사지를 줄곧 받아왔다고 했다. 그녀는 자신의 피부 상태에 대해 이야기했다.

"제가 마사지를 많이 받아왔지만 효과 있는 피부관리를 받아본 적이 없어요. 나이가 들수록 턱이 늘어지고, 얼굴도 갈수록 커져요. 여기에서는 효과 있는 피부관리를 한다고 들었어요. 턱이 자꾸 늘어지는 것 같아 속상한데, 좋아질 수 있을까요?"

"나이 들수록 턱이 처지게 되죠! 턱을 집중해 관리할게요."

"원장님 나이는 몇 살이세요?"

"저는 올해 마흔아홉 살이에요. 일찍 결혼해서 아들 둘이 성인이에요. 어린 나이에 출산해서 애가 울면 따라서 울고, 같이 먹고, 애들이랑 같이 컸어요."

"원장님은 동안이네요. 여자는 역시 피부가 좋아야 젊어 보이네요. 피부뿐만 아니라, 늘어진 곳 없이 얼굴에 딱 붙어 탄탄해 보여요."

"저도 피부가 제일 중요하다는 생각이 들어요. 그래서 피부를 매일 관리해요. 제가 제일 좋아하는 것을 연구했고, 프로그램을 만들게 되어 피부숍을 오픈하게 되었죠! 제 얼굴이 갈바닉의 연구 대상이었고 결과물이에요."

"원장님 얼굴을 보니 확실한 믿음이 가네요."

나이가 있는 그녀의 피부관리 후, 나는 걱정이 되었다. 혈액 순환이 잘되도록 림프관리를 통해 막혀 있는 혈과 근육을 이완했기 때문에 평소 혈액 순환이 안 되면 관리를 받고 나서 이틀 정도 몸살이 날 수 있어 걱정되었다. 하지만 대부분 이틀이 지나면 얼굴에서 효과가 나타나고, 달라지는 얼굴을 느낄 수 있다. 걱정하지 않아도 될 만큼 그녀는 피부관리를 잘 받았다. 한 번만 받아도 고객이 즉시 느끼고 효과가 나타나기 때문에, 첫날 피부관리를 받고 이틀이 지난 후, 그녀의 얼굴은 좋아질 수밖에 없었다. 그녀는 지금까지 받았던 피부관리와 개념이 다른 성형관리를 통해 자신의 외모가 달라질 수 있었다. 그렇게 4회 피부관리를 받고 난 후, 그녀의 늘어졌던 턱이 뼈에 달라붙기 시작했다. 얼굴에 지방이 많았던 그녀는 갈바닉으로 노폐물이 배출되자 즉각적인 효과를 보여 얼굴도 작아졌다. 피부관리를 받고 난 후, 그녀의 몸과 얼굴에서 순환이 원활히 되고 있다는 것을 증명할 수 있었다. 사람은 나이가 들면 늙어가는 것이 당연한 이치이지만, 어떻게 관리하는가에 따라서 얼굴의 처짐은 얼마든지 달라질 수 있다.

어느 날 50대 중반의 여성이 숍을 방문했다. 2년 전에 방문했던 고객인데, 턱이 발달되어 늘어지다 보니 나이가 들어 보였다. 그녀는 턱 때문에 나이가 들어 보여서 거울 볼 때 턱만 보여서 속상하며, 턱이 자꾸 커지는 것 같다고 말했다. 나는 턱 사용을 많이 해서 발달할 수밖에 없고, 발달된 턱이 늘어지기 시작해 나이가 들어 보이는 것이라고 고객의 상태를 정확히 이야기해줬다. 그녀는 마른 오징어나 껌 등 턱 관절에 좋지 않은 딱딱하고 질긴 음식을 좋아한다며 줄여야겠죠 하고 물었다. 나는 자세히 설명해주었다.

"당연하죠! 얼굴 근육이 발달되면 주름이 빨리 생성되고, 시간이 지나면서 늘어지고 처져요. 얼굴에도 많은 근육과 근막이 있어요. 근육이 발달되면 근막이 강해져 골을 만들고, 그곳에 주름이 생깁니다."

그녀는 코로나가 시작되기 전에 피부관리를 받다가 코로나가 심해져 잠시 쉬고 있던 중이었다. 코로나로 인한 거리두기가 해제되자 남은 횟수를 사용하기 위해 방문했던 것이다. 그녀는 예전보다 턱이 더 늘어져 있었다. 그 후, 그녀는 몇 번의 턱 관리를 받고 늘어진 턱을 부드럽게 만들 수 있었다. 지금까지도 2주에 한 번씩 방문해 발달되고 쌓인 턱을 꾸준히 관리받고 있다.

늘어지는 턱은 뭉친 근육과 혈자리를 갈바닉으로 직접 풀어주면 효과를 얻을 수 있다. 갈바닉으로 아래턱에 있는 저작 근육인 깨물근과 귀 근육인 앞귓바퀴근(전이개근)을 왔다갔다 근육 방향으로 20회 이완시키고, 귀 앞쪽을 따라 하관의 하악각을 따라서 아래턱을 따라 긴 턱을 왔다갔다 50회 풀어주면 늘어지는 턱을 줄일 수 있다. 턱 아래 근육인 턱끝근(이근)을 갈바닉으로 근육 반대 방향으로 이완시키면 아래턱이 줄어든다. 이때 승장의 혈자리도 눌러 주면 턱이 부드러워진다. 나이가 들수록 여성들은 호르몬의 변화로 아래턱이 매끈하지 않고 울퉁불퉁해진다. 그래서 이근의 근육과 승장의 혈자리를 잘 풀어주면 턱이 줄어듬과 동시에 매끈해지고 탄탄해지는 효과가 있다. 턱이 부드러워지면 더욱 여성스러운 이미지가 될 수 있다.

아래턱에 위치한 천용, 대영, 협거의 혈자리와 귀에 위치한 예풍, 청궁, 이문의 혈자리를 근육과 함께 경락의 흐름으로 관리하면 늘어진 턱을 예방할 수 있다. 이곳을 갈바닉으로 이완할 때 걸리는 부분을 집중적으로 관리해야 탄탄해진다. 발달된 근육에 주름이 생겨 늘어져 처지기 때문이다.

귓불 아래 하악각의 뒤쪽 맥이 뛰는 우묵한 천용은 목의 중요한 혈이다. 턱 모서리 앞뼈의 오목하게 들어간 곳에 맥이 뛰는 대영이 있는데, 안면 신경통에 좋은 혈이다. 귓볼 아래 아래턱 모서리의 우묵한 곳으로 입을 벌리면, 오목하게 들어가는 협거는 풍을 쫓는 아래턱 관절의 경혈이다.

이렇게 아래턱 긴턱의 뭉친 근육을 이완할 때 세 곳의 혈자리(천용, 협거, 대영)를 풀어주면 늘어지는 턱에 효과가 있다. 이때 늘어진 곳에 단단한 막이 걸리면 갈바닉으로 부드럽게 막을 끊어줘 턱을 부드럽게 한다. 막이 걸린다는 것은 주름이 생겨 늘어져 있다는 것을 증명하는 현상이다.

귀에 있는 혈자리로는 예풍, 청궁, 이문이 있다. 귀 뒤쪽에 입을 벌리면 쑥 들어가는 곳이 예풍인데, 귀 질환이나 안면 신경마비에도 좋은 혈자리다. 귀 앞쪽 입을 벌렸을 때, 오목하게 들어간 청궁은 귀 질환이나 주름 등에 효과가 있는 혈이다. 입을 벌렸을 때 오목하게 들어간 자리인 청궁 바로 위의 이문은 귓속 뾰로지나 습진 질환, 턱 질환에도 효과 있는 혈이다.

입을 벌린 상태에서 깨물근과 앞귓바퀴근의 근육과 함께 세 곳 혈자리(예풍, 청궁, 이문)를 갈바닉을 이용해 풀어주면 턱에 있는 뭉친 근육이 이완되어 늘어진 턱이 줄어들고, 탄탄해질 수 있다. 특히, 나이 들어 보이는 턱은 입술과 연결되어 있는데, 입꼬리당김근과 입꼬리내림근의 입술 근육이 발달하면 불독주름이 생긴다. 그래서 나이 들어 보이는 턱은 불독주름의 단단한 근막도 제거해야 탄탄한 턱을 만들 수 있다.

이때 이중턱이 있으면 목 근육을 이완해야 한다. 이중턱은 림프 순환이 되지 않거나 나이 들면서 노화되어 탄력을 잃을 때 생긴다. 목 근육에는 두힘살근(악이복근), 붓목뿔근(경돌설골근), 턱목뿔근(악설골근), 턱끝목뿔근(이설골근)이 있다. 턱을 당겼을 때, 턱 아래가 겹처져 이중으로 보인다면 이설골근을 중심으로 악설골근, 악이복근, 악설골근, 경돌설골근의 근육을 이완시키면서 단단하게 뭉친 근육을 풀어주고, 지방과 노폐물을 배출시킨다. 특히, 이설골근과 악설골근을 중심으로 걸리는 막을 부드럽게 끊어주면 이중턱을 줄어들게 할 수 있다.

대부분의 사람들은 턱을 사용한다. 음식을 먹을 때 턱이 발달할 수밖에 없다. 그런데 발달된 턱에 탄력이 떨어지거나, 지방이나 노폐물이 쌓이면 턱은 늘어지기 마련이다. 운동을 할수록 우리 몸의 근육은 크고 강해지는 것처럼 얼굴 근육도 운동으로 발달된다. 이렇게 발달된 근육은 생성되기도 힘들지만 한번 생기면 없어지기도 힘들다. 얼굴 또한, 몸과 다를 바 없다.

얼굴의 발달된 근육은 수많은 시간에 의해 생성된 것이다. 특히, 턱은 일상생활에서 많이 쓰기 때문에 근육이 커지고 강해질 수밖에 없고, 없애기도 힘들다. 나는 이런 문제점을 알게 된 후, 갈바닉 연구를 통해 턱의 강해진 근육과 혈자리를 풀어주는 기술을 개발했다. 메스를 대지 않고, 부작용 없는 안전한 관리를 통해, 나이 들어 보이는 턱을 탄탄하게 만들 수 있게 된 것이다. 나이 들어 보이는 얼굴이란 강해진 턱에 더해 처짐 현상까지 나타난 얼굴이라고 볼 수 있다. 젊을 때는 그저 턱이 강해 보이고 각지게 보일 뿐이지만, 이것이 오래되면 늘어져서 나이 들어 보이는 턱이 되는 것이다. 더 나이 들기 전에 턱의 상태를 확인해 각이 진 턱을 되도록 빨리 이완해서 줄여야 처지는 현상을 막을 수 있다.

자신의 턱이 처지고 있지는 않은지, 나이 들어 보이지는 않는지, 스스로 확인해보기를 바란다.

얼굴 살이 건강해야 숨겨진 얼굴선이 살아난다

    얼굴 살은 비만이 원인인 경우가 많고, 탄력 저하로 얼굴이 커지는 경우가 대부분이다. 얼굴 살이 많은 사람들의 생활습관은 불규칙하며 즉흥적이고 일관성이 없는 경우가 많다. 달고 짠 인스턴트 음식, 패스트푸드, 찌개류 등을 선호한다. 특히 나트륨 섭취는 얼굴 살의 가장 큰 원인이기에 얼굴 살을 빼고 싶다면 나트륨 섭취를 피해야 한다. 음식을 짜게 먹으면 수분을 흡수만 하고 배출하지 않으려고 해서 얼굴은 수분을 흡수한 채로 유지하기 때문에 항상 얼굴이 부어 있다.

    야식을 즐겨 먹으면 위에도 부담이 되어 역류성 식도염이나 위염이 나타날 빈도가 높다. 얼굴 살이 많은 사람은 이중턱도 있는 경우가 많다. 이중턱은 얼굴과 목으로 연결되는 림프의 순환에 문제가 있을 경우 발생한다. 얼굴은 근육과 근육이 상호 유기적으로 연결되어 있기 때문에 한쪽에 문제가 생기면 다른 쪽에도 문제가 생길 수 있다.

어느 날, 공무원으로 일하고 있다는 50대 후반의 여성이 방문했다. 키가 작고 뚱뚱한 편인 그녀는 인자하고 넉넉한 마음을 지닌 고객이었다. 그녀는 얼굴에 살이 많아서 고민이라고 했다. 살도 잘 빠지지 않고, 아침에는 특히 얼굴이 많이 부어 있다고 했다. 나는 얼굴 살 뿐만 아니라 부기와 비만은 생활습관과 식습관이 가장 크게 작용하고, 특히 유산소운동으로 턱, 등줄기 등에서 땀이 뚝뚝 떨어져야 몸의 변화를 느낄 수 있다고 조언했다. 역시 그녀는 달고 짠 음식을 좋아했고, 술도 자주 마시고, 야식도 먹는 편이라고 했다. 몸에 안 좋은 습관이 생활 속에 자리 잡혀 있는 그녀에게 이런 생활이 지속되면 건강에 문제가 생길 수도 있다고 이야기했다. 그러자 그녀는 내년부터 운동을 할 생각이고, 내가 림프를 풀어주고, 얼굴 관리를 해줄 테니 큰 걱정이 안 된다고 말했다.

물론 내가 직접적으로 림프와 얼굴 근막을 제거하며 뭉친 근육을 풀 수는 있지만, 고객이 운동을 지속해야 근본적으로 몸과 얼굴이 더욱 좋아 질 수 있는 것이라고 고객에게 설명했다. 그러자 그녀는 집에 오면 아무것도 하기 싫고, 그래서 살이 자꾸 찌는 것 같다고 했다. 먹기만 하니 지방이 축적되고, 몸은 늘 피곤한 것이다. 나는 생활습관을 바꿔야 몸이 좋아지고 얼굴도 좋아질 수 있으며, 건강과 자신을 위해 시간을 투자해야 함을 강조했다. 아무리 좋은 방법이 있어도 자신이 행동하거나 실천하지 않으면 결코 변화할 수 없기 때문이다.

그녀의 얼굴은 비만과 순환의 문제로 항상 부어 있는 경우가 많았다. 갈바닉을 통해 얼굴 순환을 돕기 때문에 살이 줄어드는 효과는 다소 있지만, 꾸준하게 운동하는 생활습관을 지키는 것이 무엇보다도 시급했다. 그녀는 정도 많고, 사람을 좋아해, 거절하는 것이 어려워 술자리와 과식을 하곤 했다. 이런 술자리가 빈번하면 건강에 이상이 나타날 수 있다. 그녀의 몸은 순환이 원활하지 않은 편이라서 당뇨, 고지혈증, 고혈압 등의 성인병에 다른 사람보다 노출되기 쉬웠다. 그녀는 건강검진의 결과가 좋지 않다며 걱정했다. 나는 그녀의 건강이 항상 걱정되었고 피부관리를 받으러 올 때마다 운동하라는 조언을 아낌없이 했다. 하지만 그녀는 건강에 대한 긴장감이 없어 운동의 필요성을 인지하지 못했다. 건강할 때 건강을 챙겨야 하고, 건강한 몸에서 건강한 얼굴이 나타난다는 사실을 깨닫지 못하는 것은 안타까울 뿐이다.

어느 날 40대 후반의 여성이 상담실을 방문했다. 전문직에 몸담고 있어 사람을 많이 만나고 접대한다는 그녀 또한 얼굴 살이 많아서 고민이었다. 그런데 내가 보기에는 얼굴 살이 좀 있기는 하지만 고민할 정도는 아니었고, 틀어진 자세가 영향을 줘서 얼굴이 틀어진 것이 더 문제였다. 그녀는 자신이 무엇을 어떻게 해야 할지 물었고, 나는 얼굴 살이 많다는 것은 순환이 되지 않아 그런 것이니 꾸준히 운동해야 하고, 고단백 저칼로리 식단을 유지하며, 매일 할 수 있는 운동을 하라고 조언했다.

그녀의 틀어진 얼굴은 발달된 근육의 얼굴 살과 잘못된 자세로 인한 뼈에 원인이 있었다. 얼굴 살은 근육을 이완시키면 대부분 좋아질 수 있지만 틀어진 뼈는 변화하기 어렵기 때문이다. 갈바닉 관리는 뼈의 세포 변화를 통해 뼈 크기를 줄일 수 있다. 하지만 완전히 틀어진 뼈를 변화시키기는 힘들다. 틀어진 얼굴 뼈는 최대한 세포수를 줄여 완화시킴으로써 드러나지 않도록 했다. 얼굴은 단단하고 발달된 근육을 이완시키면 대부분 작아진다. 근육이완과 함께 뼈의 세포수를 줄일 수 있기 때문이다. 하지만 림프가 순환되지 않으면 얼굴 살은 또 생기기 마련이다. 그래서 꾸준한 근육운동과 유산소, 스트레칭으로 몸의 균형을 맞추는 것이 시급했다.

나는 그녀에게 가장 필요한 운동을 제시했고, 얼굴 살을 건강하게 만드는 것이 우선이라는 것을 강조했다. 그녀는 피부관리를 받고 난 후, 열심히 운동하기 시작했다. 퇴근 후, 그녀는 간단히 저녁 식사를 하고 1시간 이상 걷는다고 했다. 매일 걷는 습관은 한 달이 되고 몇 달이 되었다. 그렇게 몇 달이 지난 후, 그녀의 몸은 달라지기 시작했다. 건강이 좋아지면서 얼굴 살도 없어졌고, 굶는 다이어트가 아니라 건강하게 먹으며 운동했기 때문에 얼굴선이 예쁘게 나타나기 시작했다. 그래서 그녀는 힘들어 하지 않고 다이어트를 할 수 있었다. 체중이 감량되자 얼굴선이 나타나는 효과와 더불어 틀어진 얼굴도 완화되었다. 그녀는 주위에서 얼굴선이 예뻐졌다는 이야기를 자주 들었고, 자신감이 생기자 자기관리를 더욱 철저히 했다.

볼에 얼굴 살이 많을 때는 볼 근육인 볼근(협근)을 넓게 이완시키고, 큰광대근(대협골근)을 밀착해 눌러 막을 이완시키면 볼에 있는 얼굴 살이 줄어드는 효과를 볼 수 있다. 이때 광대 밑에 걸리는 막은 볼 근육으로 이곳의 단단한 막을 끊어주면 얼굴 살이 줄어든다. 그래서 얼굴이 작아지는 것을 바로 느낄 수 있다. 얼굴 살이 많은 사람의 대부분이 림프가 순환되지 않아 귀밑 림프절이 딱딱하다. 얼굴 살은 림프의 순환과 밀접한 관계가 있다. 갈바닉으로 림프가 순환되도록 해서 몸에 쌓여 있는 독소와 찌꺼기를 배출한다. 나쁜 것을 비워야 건강을 유지할 수 있다. 그 건강함은 얼굴로 나타나기 때문이다. 얼굴 살이 건강해야 얼굴의 윤곽이 살아나는 것은 당연하다. 얼굴 살이 건강하지 않다는 것은 몸속에 찌꺼기와 노폐물이 쌓여 있는 것이다. 건강하지 않다는 것은 몸의 순환이 원활하지 않아 흐름이 좋지 않다는 것이다. 반면, 얼굴 살이 건강해지면 불필요한 노폐물이 배출되어 얼굴선이 나타나기 시작한다. 자신의 건강을 위해, 얼굴 살의 건강을 위해 반드시 생활습관을 바꿔야 숨겨진 얼

굴선이 살아난다. 당신의 얼굴 살은 건강한지, 얼굴선이 살아 있는
지, 스스로 확인하기를 바란다.

- 3장 -

성형 수술 없이 예뻐지는 8가지 방법

프티 성형을 맹신하지 마라

50대 정도 되어 보이는 여성이 피부 고민을 안고 상담실을 찾았다. 그녀는 필러와 자가 지방 이식, 보톡스를 많이 한 얼굴이었다. 누가 봐도 어색하게 보이고, 피부에 레이저를 많이 쏜 얼굴이었다. 다행히 피부는 두꺼운 편이라 기본관리는 할 수 있는 상태였다. 그녀는 내게 자신이 얼굴에 필러를 주사했는데, 피부관리가 가능한지 물었다. 그녀가 그렇게 물어본 이유는 내 블로그와 유튜브 채널 정스킨TV를 보았기 때문이다. 거기에는 내가 단지 피부만 관리하는 것이 아니라, 얼굴의 주름 근막을 제거한다고 쓰여 있었다. 나는 언제 주사했는지 물었고, 그녀는 10년이 넘었다고 대답했다. 나는 기본관리만 가능하겠다고 했다. 나는 그녀에게 필러, 보톡스를 맞은 경우는 피부관리가 가능하지만, 자가 지방 이식을 한 얼굴은 성형관리가 안 되는 이유를 설명했다.

　상담을 마치고 피부관리를 시작했다. 관리를 시작해보니 필러만 한 것이 아니라 귀족 수술도 하고, 실 리프팅 시술도 많이 한 상태였다. 귀족 수술은 팔자주름이 시작되는 부위에 인공 보형물을 삽입하는 수술이다. 팔자주름이 깊어지는 것을 예방하려는 목적이다. 하지만 부작용 또한 크다. 귀족 수술의 부작용은 얼굴에서 느껴지는 어색함이다. 부자연스럽고, 인위적이어서 보는 사람에게 부담스러운 느낌을 준다.

　그녀의 얼굴은 인공 보형물 때문에 볼살이 튀어나오고, 처져 있었다. 나는 그녀를 관리하면서 '차라리 아무것도 하지 말지!'라는 안타까운 마음이 들었다. 예뻐지려고 한 시술이었을 텐데…. 예뻐지기는커녕, 어색함으로 뒤덮인 얼굴이 되었기 때문이다. 우리는 그런 얼굴을 '성형 괴물'이라고 부른다. 너무나 무서운 말이 아닌가? 시간이 지난 후, 자신의 얼굴을 보고 후회해도 되돌릴 수 없다.

　나는 그녀의 얼굴 근육을 갈바닉으로 관리하기 시작했다. 그런데 팔자주름에 삽입된 보형물이 걸리는 느낌을 그녀와 나 모두 느낄 수 있었다. 그녀는 깜짝 놀라며 물었다.

　"원장님, 얼굴에 걸리는 것이 무엇인가요?"

　"인공 보형물은 팔자주름에 남아 있고, 주사한 필러는 윗입술까지 이동해 내려왔네요!"

　자신의 얼굴에서 이물질을 직접 느낀 그녀는 많이 놀란 것 같았다. 필러는 100% 없어지지 않고, 피부 어디로 이동할지 알 수 없는 만큼 부작용이 수반되기에 얼굴이 부자연스러울 수밖에 없다고 설명했다. 그녀는 아무 말도 하지 않았다.

그 후, 일주일이 지나 그녀는 피부관리를 받기 위해 방문했다. 피부관리를 하는 중에 그녀는 물었다.

"원장님, 제 얼굴이 부자연스러워 보이나요?"

순간 당황했지만, 나는 솔직히 "네, 자연스러워 보이지 않습니다"라고 대답했다. 그녀에게 괜찮다고 말하고 싶었지만, 자신의 얼굴 상태를 알고, 또 확인하려고 묻는 것 같아 솔직하게 말한 것이다. 그녀는 자신을 보는 사람마다 얼굴이 어색해 보인다고 말해서, 보형물 제거 수술을 생각하고 있다고 했다. 그 후 그녀는 한동안 피부관리를 받으러 오지 않았다.

그렇게 1년이 지난 후, 그녀는 피부관리를 받기 위해 재방문했다. 팔자주름에 삽입한 보형물 제거 수술을 받고 왔다는 그녀의 얼굴은 전보다 자연스러워 보였다. 그녀는 결과에 만족스러운 듯했다. 그러면서 인공 보형물 제거 수술에 비용이 많이 들었고, 수술 또한 생각보다 힘들었다고 토로했다.

필러는 병원에서 손쉽게 할 수 있는 시술이다. 그만큼 부작용 또한 있을 수 있다. 피부에 필러를 주사하면 일시적으로 좋아지는 효과는 있지만, 시간이 지날수록 시술 부위가 늘어지고 처진다. 그렇게 탄력을 잃어 더 빨리 얼굴이 노화될 수 있다. 또한 피부에 필러를 주사하기 시작하면 얼굴은 부자연스러워진다. 그러면 부자연스러운 곳을 없애기 위해 다시 필러를 맞는다. 이렇게 반복하다 보면 필러중독이 된다. 주사를 맞은 사람은 주사한 그 부분만 보고, 전체적인 얼굴 라인을 보지 않는다. 하지만 주위 사람들은 필러로 인해 어색해지고 변해가는 얼굴을 알아볼 수 있다. 왜냐하면 얼굴이 갈수록 울퉁불퉁해지기 때문이다. 필러의 끝은 결국 자신이 상상하기도 싫은 모습일 수 있다는 사실을 알아야 한다.

40대 초반의 여성이 지인의 소개로 숍을 방문했다. 그녀는 목과 어깨에 통증이 있다고 하더니, 더 큰 고민이 있다며 마스크를 벗었다.

"원장님, 제 입술 좀 보세요. 너무 속상해요! 이십대 중반에 친구를 따라가서 아무 생각 없이 입술에 필러를 주사했는데, 지금은 이래요."

그녀의 입술은 나를 당혹스럽게 만들었다. 왜냐하면 입술이 보통 사람의 3배나 되어 보였기 때문이다. 그녀는 입술을 줄이는 방법이 있을까 물어왔다. 나는 팔자주름, 턱, 볼에 맞은 필러는 갈바닉 관리를 통해 크기를 조금 줄일 수 있지만, 입술은 줄일 수 없다고 조심스럽게 말했다. 그녀는 입술에 맞은 필러를 제거하고 싶다고 했다. 그 말이 나는 당연하게 느껴졌다. 그녀는 울먹이며 말했다.

"필러 주사를 맞은 건 인생 최대의 실수예요. 제 인생에서 그날을 지우고 싶어요. 입술을 보면 화가 나요."

그녀는 20년이 지나도 사라지지 않는 고통 속에서 살아온 셈이다. 자신의 얼굴을 볼 때마다 힘들다는 그녀의 말을 듣고 있자니, 나 또한 너무 속상했다. 나는 그녀에게 필러 제거 수술을 할 수 있는 병원을 찾아 상담해보라고 권유했다.

얼마 전, 지인을 만나 식사를 하고, 차를 마시는 자리를 가졌다. 코로나로 인해 사람을 잘 만나 오지 않았기 때문에 오랜만에 보는 그녀가 반가웠다. 나는 사람을 만날 때면 피부와 얼굴 주름을 보는 습관이 있다. 상대방 얼굴의 주름진 곳과 뭉쳐 있는 근막이 눈에 보이기 때문이다. 하지만 나는 지인들에게 우리 숍에 와서 피부관리를 받아보라고 권유하지 않는다. 괜히 부담을 주기 싫어서다.

지인은 얼굴에 필러 주사를 많이 맞은 것 같았다. 팔자주름에 있는 필러는 아래쪽으로 흘러 윗입술이 크게 느껴졌고, 입술 전체가 튀어나와 있어, 말할 때 입술이 불편해 보였다. 그리고 볼살이 없어서 필러 주사를 맞은 것 또한 내 눈에는 보였다. 전체적으로 얼굴이 부자연스러워 보여 안타까웠다.

지인은 "언니, 얼굴에 뭐 했어? 언니도 얼굴에 필러 한 거야?"라고 물어왔다. 나는 정색하며 "야! 나는 얼굴에 절대 필러나 보톡스 안 해!"라고 대답했다. 지인은 내 얼굴을 뚫어지게 보며 "언니, 필러 한 거 같은데…. 얼굴도 작아지고 주름도 없네!"라며 내 말을 믿지 않는 표정이었다. 나는 "필러나 보톡스 많이 하지 마! 나중에 후회한다"라고 답답한 마음에 조언해주었다.

지인은 프티 성형을 하는 의원을 정해서 지속적으로 관리를 받으러 다닌다고 했다. 꾸준히 자기관리를 하는 모습은 좋아 보였지만, 방법의 선택은 아쉬운 부분이었다. 프티 성형은 메스를 대지 않고, 짧은 시간 안에 시술이 가능하다. 주사 등을 이용해 비수술적 성형 수술을 하는 것을 말하는데, 피부 진피 속에 필러, 리프팅 실, 보톡스를 주입하는 시술이 가장 흔하다. 이런 특징 때문에 아무 일 없었던 것처럼 곧장 일상에 복귀가 가능한 시술이기도 하다. 많은 여성이 쉽게 필러 시술을 받는 이유다. 하지만 그 부작용으로 얼굴이 어색하게 변하면 그때서야 시술받은 것을 후회하게 된다.

얼마 전, 피부관리를 받다가 오지 않은 고객이 있었다. 우리 숍 안의 네일숍에도 한번씩 방문해 네일관리를 받았던 그 고객은 천천히 피부관리를 하는 것보다 빠른 시간에 효과를 보고 싶어 했다. 그래서 나는 피부관리를 하는 동안 필러 주사의 위험성과 부작용을 말해줬다. 나는 그녀가 프티 성형을 할까 불안했다. 사람들 대부분은 필러와 보톡스의 위험성을 모른 채 쉽게 찾아가 시술을 받는다. 그녀 또한 피부관리를 받지 않는 동안 필러 주사를 맞고 있었다.

그녀는 내게 마스크를 벗어보라고 했다.

"원장님 얼굴은 여전하네요. 처진 곳이 없네요."

이렇게 말한 그녀는 갑자기 자기 얼굴을 보여줬다. 나는 너무 놀랐지만 최대한 고객이 기분 나쁘지 않게 말했다.

"얼굴에 뭐 하셨어요? 웬만하면 필러 맞지 마세요."

나는 그녀의 얼굴을 보고 예쁘다는 말을 하지 못했다. 보는 순간 놀랐고 실망해서 가식적인 말을 할 수가 없었다. 그녀의 예전 얼굴은 살이 별로 없어 수척해보이기는 했지만, 처진 곳은 없었다. 하지만 그녀의 지금 얼굴은 전체적으로 커져 있었고, 특히 하관에 있는 입술은 두툼했고 불독주름이 생겨 처져 있었다. 조만간 리프팅 실을 하겠구나 생각했는데, 역시 그녀는 리프팅 시술을 했다고 했다. 뭐든 챙겨주고 싶었던 고객이었기에 아쉬움도 더 컸다. 나는 그녀를 보고 난 후 기분이 좋지 않았다. 좋아지는 방법을 알고 있음에도 불구하고 자신의 선택에 의해 달라질 모습을 그녀가 어떻게 감당할지 걱정이 되었다.

나는 더 이상 말하지 않았다. 그 상황에서 내가 더 이야기하면 상대가 기분이 나쁠 수 있다. 그녀는 빠르게 효과가 나타나는 시술을 선호했지만, 나는 천천히 자연스럽게 진짜로 좋아지는 방법을 추구했기에 서로 다름을 인정해야만 했다. 선택에 있어 다름을 받아들이고 인정한다. 다만, 그 결과는 자신이 책임질 수 있어야 한다. 당장 눈앞의 것만 볼 것이 아니라, 그 결과가 어떻게 될지에 대해 생각해야 한다.

며칠 전, 남편과 함께 연예인 부부가 사회자로 나오는 불교방송을 시청했다. 게스트로 여의사가 나왔는데, 그녀는 봉사하기 위해 의사를 한다며 그야말로 봉사하는 삶을 살고 있었다. 여의사의 얼굴은 꾸밈없이 자연스럽게 나이를 먹은 얼굴이었다. 하지만 꾸미는 스타일이 아니라 그냥 평범해 보였다. 그런데 카메라가 갑자기 여자 사회자의 얼굴을 클로즈업해 보여줬다. 나와 남편은 깜짝 놀랐다. 그녀의 얼굴은 많은 성형과 시술로 인해 처지고, 커졌으며 화난 인상으로 부자연스럽고 어색해서 보기가 민망했다. 나와 남편은 똑같이 느꼈다. 여의사와 여자 사회자의 얼굴에서 자연스러움과 부자연스러움을 비교할 수 있었다. 무서운 생각이 들었다. 여자 사회자도 분명 예뻐지고 싶은 마음에 시술을 했겠지만 자신의 생각과 전혀 다른 결과가 나타난 것이다.

성형 수술을 한 후, 보는 사람으로 하여금 어디를 성형했는지 알 수 없어야 성공인 것이다. 성형한 것을 아는 순간 그 성형 수술은 실패한 것이라고 생각한다. 차라리 아무것도 하지 않은 여의사가 예쁘게 보였다. 어색한 얼굴은 답이 없다. 어떻게 할 수 없는 상태가 된다. 나는 어색해지는 시술은 절대 하지 말아야겠다는 생각이 더욱 굳건해졌다.

7년 전, 산부인과 진료를 받기 위해 병원을 방문했을 때다. 안내데스크의 실장이 나에게 필러를 권유해왔다. 이마와 코에 필러를 주사하면 입체감이 생겨 지금보다 예뻐진다고 했다. 산부인과를 갈

때마다 실장은 필러 주사를 권유해왔다. 이렇게 우리는 프티 성형에 쉽게 노출된다. 그래서 전혀 생각이 없다가도 쉽게 필러 주사를 맞게 된다. 그 당시 내가 프티 성형의 위험성을 몰랐다면 병원의 권유를 받아들였을지도 모른다.

나는 고객들에게 필러 주사를 맞지 말라고 한다. 그리고 프티 성형의 부작용도 알려준다. 보통 성형 수술을 하고 싶으면 여러 병원에서 상담받고 고민한 후 결정한다. 프티 성형도 마찬가지다. 성형 수술만큼 신중하게 고민하고 결정해야 한다. 안전하고, 없어지는 필러는 없다. 주사한 필러는 진피층에 남아 어디로 이동할지 모른다. 특히, 팔자주름에 필러를 주사하면 시간이 지난 후, 뼈와 피부 사이에 딱딱하게 남아 석회화된다. 팔자주름 필러가 코 옆이나, 코 위로 이동하면 광대가 커지면서 아래로 처지게 되어 팔자주름이 더 심해진다.

팔자주름에 주입한 필러가 입술로 내려가면 무거워진 입술은 만두소처럼 두툼해진다. 팔자주름에 주입한 필러는 뼈 위에 딱딱하게 남는다. 그런데 피부는 뼈와 붙어 있지 않기 때문에, 볼은 위아래로 흐물흐물 움직인다. 이것이 심해지거나, 힘이 없어지면 심술보가 되는 것이다. 중력의 힘을 받는 것은 당연하다. 녹지 않는 필러는 뼈와 피부 사이에 존재하게 되고, 힘이 없는 피부는 더 처질 수밖에 없다. 내가 절대 필러를 권하지 않는 이유다.

보톡스도 프티 성형 중 하나다. 많은 사람들이 보톡스를 맞고 있는 실정이지만, 사실 독이다. 독인 줄도 모르고 병원에서 권유하면 의심도 없이 고객은 안심하고 주사를 맞는다. 보톡스가 진정 자신에게 필요한 시술인지 생각해볼 문제라고 생각한다.

　사람들 대부분이 맞는 보톡스(Botox)는 보툴리눔 톡신(Botulinum Toxin)을 희석해 만든 것이다. 보톡스는 신경과 근육 질환, 주름 제거를 목적으로 한 프티 성형 중 하나다. 발달된 근육에 주사해 근육의 일시적 마비를 일으켜 쓰지 않도록 함으로써 주름이나 근육을 약하게 하는 것이다. 6개월이나 1년 이상 효과가 지속되다가 다시 본래의 근육과 주름이 돌아오게 된다. 지속적으로 맞으면 내성이 생겨 보톡스의 효과도 떨어진다. 보톡스는 없어지기 때문에 필러보다는 위험성과 부작용이 덜하지만, 지방간이 있는 사람은 피하는 것이 좋다. 지방간은 이미 간이 힘든 상태인데, 간은 독을 해독하는 기능을 하므로 보톡스의 효력이 떨어질 때까지 간은 계속 해독작용을 해야 한다. 그래서 보톡스는 간에 무리를 준다. 간을 위한 약을 먹으면서까지 보톡스를 맞기보다는 약을 먹지 말고 보톡스도 맞지 않는 것이 현명하다고 생각한다.

　나는 묻고 싶다. 어색하고 부자연스러운 얼굴이 예쁘게 느껴지는가? 프티 성형을 맹신하지 말자. 프티 성형은 쉽게 접할 수 있는 만큼 그 부작용에 대해서도 정확하게 알아야 한다. 아무것도 하지 않았을 때가 자연스러워 보일 수 있다는 사실을 잊지 말자. 피부에 주입하는 시술 방법은 진지하게 고민한 후에 선택하기를 바란다.
프티 성형! 올바른 선택은 당신의 몫이다.

내 몸을 살리는 림프를 순환시켜라

우리 몸을 살리는 림프는 면역 기능과 노폐물을 배출하는 기능을 한다. 귀밑 림프절, 목 림프절, 쇄골 림프절, 겨드랑이 림프절이 있는데, 우리 눈에 쉽게 노출되지 않아 림프 순환이 잘되고 있는지 아닌지 알아내기가 어렵다. 그래서 스스로 자기 몸을 체크하고 체중을 유지해야 한다.

어느 날, 50대 후반의 여성이 상담실을 방문했다. 그녀는 학생들을 가르치는 학원 원장이었다.

"원장님, 제가 목, 어깨 통증이 심해서 힘들고, 만성 피로가 있어서 늘 피곤해요. 살이 빠지면 좋을 텐데, 살이 안 빠져요."

"몸이 순환되게 하려면 운동을 해서 살을 빼야 됩니다. 오랜 시간 누적되어 살이 쪘기 때문에 쉽게 빠지지는 않을 거예요. 더 늦어지면 살을 빼기가 더 힘들 수 있어요. 갱년기가 오기 전에 체중을 감량하셔야 됩니다."

"제 식습관도 문제가 있어요. 낮에는 학생들을 가르치다가 식사를 거르고, 퇴근하고 늦은 시간에 폭식해요. 이런 생활이 반복되다 보니 체중이 불어나고 건강이 나빠지고 있는 것을 몸으로 느끼고 있어요."

나이를 먹으면 몸이 나빠지는 것을 체감할 수 있다. 건강할 때 체중 관리를 잘하고 유지해야 된다. 요즘은 남자들도 그렇다고 하지만, 여자는 특히 사춘기보다 더 무서운 갱년기를 맞닥뜨린다. 갱년기가 오기 전에 리즈 시절의 몸무게를 유지해야 갱년기가 와도 심하게 앓지 않고 평탄하게 받아들일 수 있다. 체중을 잘 유지한다면 이겨낼 수 있는 힘이 있지만, 비만으로 몸이 잘 순환되지 않으면 몸 전체가 아프고, 우울함까지 더해져 호르몬의 변화를 받아들이기 힘들기 때문이다.

몇 주 후 찾아온 그녀는 떨리는 목소리로 이야기를 시작했다.

"저도 운동을 시작하려고 해요. 친언니 같은 존재인 지인이 갑자기 쓰러져 몇 달 고생하다가 세상과 이별했어요. 그 언니와 저는 살을 빼려고 같이 운동했던 추억이 있어요. 우리에게 운동을 가르쳤던 PT 선생님도 포기할 정도로 살이 잘 빠지지 않았거든요. 언니의 갑작스러운 죽음을 받아들이기 쉽지 않았어요. 인생이 이렇게 허

무할 수 있는지, 우울한 마음까지 생기네요. 언니가 없어져 허전한 마음이 드는 동시에 건강해야겠다, 운동도 해야겠다 하는 생각이 들어요."

이야기를 듣던 나도 눈시울이 뜨거워졌다. '부모보다도 앞서고 그것을 지켜보는 가족이나 지인들의 마음이 얼마나 힘들었을까?' 하는 생각에 눈물이 났다. 나는 그녀에게 아무 말도 할 수 없었고, 그저 같이 슬퍼했다.

그녀는 "원장님이 다니는 헬스장과 트레이너를 꼭 추천해주세요!"라고 말했고, 나는 운동은 건강을 위해서, 가족을 위해서 꼭 해야 되고, 마음먹었을 때 운동을 시작하라고 하며, 시작이 반이라는 말로 격려했다. 나와 비슷한 연령층이라 더욱 마음이 쓰였던 나는 그녀의 체중 감량에 도움을 주고 싶었다.

그녀는 운동을 시작한 후, 나쁜 식습관을 바꾸고 올바른 식습관을 가지며 열심히 운동했다. 그러자 조금씩 변화가 나타나기 시작했다. 그러던 어느 날, 그녀에게 전화가 걸려왔다. 친정어머니가 뇌졸중으로 갑자기 쓰러졌다고 했다. 혈관성 치매가 있으시다며 그녀는 불안한 마음을 가지고 있었는데, 갑자기 친정어머니가 쓰러진 것이다. 뇌수술을 했지만 혼자 거동이 어렵다고 했다. 그녀는 너무 힘들고 괴로워했지만, 어떤 말도 위로가 되지 않을 것 같아 나 또한 슬펐다.

그녀의 몸도 좋지 않은 상태였다. 비만이 유지된 상태로 오랜 시간이 지나 근육과 지방도 딱딱하게 굳어 있었다. 상체가 크고 하체가 마른 형이라 관절도 좋지 않았다. 몸속 독소와 찌꺼기, 노폐물이 정체되어 그녀의 림프는 흐름이 원활하지 않았다.

　귀밑 림프절은 단단한 근육이 뭉쳐 있어 얼굴이 계속 커지고, 얼굴과 연결된 목 림프절도 여러 곳에서 탁탁 걸리는 느낌을 받을 수 있었다. 쇄골 림프절은 목에서 쇄골로 내려가는 근육이 굳어 목 좌우로의 움직임이 둔화되어 통증을 유발했다. 겨드랑이 림프절은 노폐물이 쌓여 불룩 튀어나오기까지 했다. 무엇보다도 그녀의 림프절에 쌓인 찌꺼기와 노폐물을 배출하는 데 중점을 두고 관리했다.그래서 나는 갈바닉으로 림프순환 관리만 20분 넘게 집중했다. 림프가 순환되면 쌓인 독소가 배출되면서 목과 어깨의 통증이 줄고, 턱과 광대가 줄어들면서 얼굴이 작아지는 것을 관리 후에 느낄 수 있다. 대부분 피부관리를 하는 곳에서는 그러나 림프를 풀어주는 곳이 없다. 목과 어깨를 가장 약하게 스치듯 지나가는 것이 지금의 피부관리의 현실이다. 하지만 나는 남들이 관리하지 않는 곳을 정확하고 디테일하게 관리할 수 있는 기술을 개발했다. 내가 개발한 기술은 제품의 기능, 갈바닉 기술, 근육의 방향, 혈자리를 이용하는 기술로 나눠 관리하고 있다. 림프만 잘 풀어져도 혈이 잘 흐르게 되어 피부도 맑아지고, 얼굴도 작아지는 효과를 볼 수 있다. 그녀는 림프가 잘 흐르지 않기 때문에 근육량을 올려 림프가 잘 흐를 수 있도록 운동을 꾸준히 꼭 해야 한다고 조언했다. 그리고 일주일에 한 번씩 방문해서 쌓여 있는 림프를 순환시키는 갈바닉 전체 성형관리 프로그램으로 관리하고 있다.

　20대 중반의 여성이 상담실을 방문했다. 그녀는 한눈에 봐도 비만이었다. 그녀는 살을 뺐다 쪘다 반복하고 있고, 얼마 전부터 다시 다이어트를 시작했다고 했다. 한의원과 일반 의원 등에서 안 해본 것이 없을 정도로 그녀는 약에 의존해 다이어트를 반복했다. 나는 다이어트 약의 성분이 좋지 않으니 약으로 체중감량을 하지 말라고 조언했다. 비만인 경우 대부분 지방간일 경우가 많기 때문에 약이 간에 부담을 줄 수 있고, 나중에 요요가 와서 체중이 불어날 수도 있다고 자세히 설명해줬다. 하지만 많은 사람들이 꾸준히 운동하기보다는 쉽고 빠르게 효과를 느낄 수 있는 다이어트 약을 선택한다. 그러나 효과가 빠른 만큼 대부분 약효도 빨리 떨어지기 때문에 꾸준하게 운동하는 습관으로 림프를 순환시키는 것이 열쇠라고 본다.

　림프관리 시, 림프절 네 곳(귀밑 림프절, 목 림프절, 쇄골 림프절, 겨드랑이 림프절)과 목 근육을 함께 혈자리를 중심으로 이완해 몸속에 있는 독소, 찌꺼기, 노폐물을 배출한다. 갈바닉 기기의 특성을 경락 기술을 활용해 인체의 기관이나 안 좋은 부위에 직접적으로 관리함으로써 근육층에 영향을 주어, 피부로 반응이 나타나게 유도하는 것이다. 피하 지방과 근육에 직접 침투해 뭉친 근육을 이완시켜 반응점을 진찰점으로 활용함으로써 기법과 기술로 자극이 해당 부위에까지 전해져 호전될 수 있다. 통증을 느끼는 압통반응, 색이 변하는 변색반응, 딱딱하게 뭉쳐 있는 경결반응, 부어오르는 종기반응, 전기양성반응을 통해 변화를 알 수 있다.

갈바닉 기술과 근육의 움직임, 경락 혈자리의 세 가지 기술이 더해진 신개념 갈바닉 성형관리 프로그램은 오랜 시간 내 몸과 얼굴을 연구한 결과다. 갈바닉 기법으로 관리해 기혈을 순환하는 역할을 한다. 림프를 관리할 때는 제일 먼저 목 근육을 이완시키는데, 목 근육은 크게 네 부분으로 나뉘어 순환한다.

첫째, 옆쪽에 있는 목 근육으로 넓은 목근(광견근), 목빗근(흉쇄유돌근), 어깨올림근(견갑거근)을 중심으로 관리한다. 이때 어깨올림근에서 딱딱하고 뭉친 근육이 많이 발견된다. 옆쪽에 있는 목 근육의 혈자리는 완골, 천유, 천창, 천정이 있다. 흉쇄유돌근을 이완시키면서 네 개의 혈자리(완골, 천유, 천창, 천정)를 더 깊이 눌러주면 근육을 이완시키며 기혈을 돕는 역할까지 할 수 있다.

둘째, 뒤쪽에 있는 목 근육은 머리널판근(두판상근), 목널판근(경판상근), 반가시근(반극근), 뒤통수밑근(후두하근), 등세모근(승모근)의 근육을 근육 방향으로 이완한다. 이때 두판상근을 이완할 때 대부분의 사람들이 아파한다. 뒤쪽에 있는 목 근육의 혈자리는 천주, 풍지, 아문, 풍부, 대추, 견정이 있다. 두판상근 근육을 이완시키면서 여섯 곳의 혈자리(풍지, 천주, 아문, 풍부, 대추, 견정)를 깊게, 집중해서 눌러 이완시킴으로써 순환을 돕는다.

셋째, 목과 쇄골로 이어지는 사각근으로 앞목갈비근(전사각근), 중간목갈비근(중사각근), 뒷목갈비근(후사각근)의 근육을 쇄골 방향으로 밀어주면 혈자리와 만나게 되어 시너지가 배가될 수 있다. 목과 쇄골로 이어지는 사각근에 기사, 결분, 기호의 혈자리가 있다. 사각근을 이완시킬 때 쇄골에서 만나는 세 곳의 혈자리(기사, 결분, 기호)와 근육을 이완시킨다. 이때 쇄골 방향으로 내려갈 때, 딱딱 걸리는 근육을 이완시키고 막을 끊어줘야 순환을 도울 수 있다. 손끝에 찌릿찌릿 전기가 오는 반응점이 나타나기도 한다. 그리고 쇄골 하단 중앙에 오목하게 들어간 곳인 기호혈은 어깨가 올라가지 않을 때도 효과가 있는 혈자리다. 기호혈은 쇄골 아래쪽에 위치한 곳을 갈바닉으로 쇄골모양을 따라 배꼽 방향으로 밀어주면 목과 어깨, 팔과 손으로 내려가는 혈이 이완되는 효과가 있다.

넷째, 겨드랑이에 쌓인 노폐물을 배출함으로써 림프를 순환시키는 관리는 끝난다. 겨드랑이 중심에 있는 극천의 혈자리를 누르면 쌓인 노폐물과 독소를 없앨 수 있다.

우리 몸에 쌓인 독소, 찌꺼기, 노폐물을 배출하는 기능을 하는 림프절의 역할은 매우 중요하다. 우리 몸은 넣기만 하면 모두 받아들일 수는 없다. 나쁜 것을 배출해야 좋은 것도 받아들일 수 있기 때문이다. 몸은 솔직하다. 좋은 것을 하면 좋아지고, 나쁜 것을 하면 나빠진다. 하지만 좋은 것을 지속하려면 비용과 노력이 들기에 실천하는 게 어렵다. 자기 몸을 위해 지금 어떤 노력을 하고 있는지 스스로에게 질문해보자. 당신의 몸을 살리는 림프를 순환시키기 위해 노력하고 있는지, 잘 생각해보길 바란다.

예쁜 얼굴의 필수조건, 반듯한 목 만들기

　우리 몸에서 목은 수많은 근육과 신경이 지나가는 머리와 몸을 연결하는 유일한 통로다. 목이 건강하고 반듯하면 얼굴도 예쁘게 보인다. 건강하고 반듯한 목은 예쁜 얼굴을 위한 필수조건이다. 목이 틀어지면 얼굴도 함께 틀어지고, 두통이나 편두통이 나타날 수도 있다. 목이 건강하지 않으면 일상생활에서도 통증으로 힘들 수 있으므로 꾸준한 관리가 필요하다.

　예쁜 얼굴의 40대 여성 고객이 있었다. 그녀는 목과 어깨 통증으로 힘들어했고, 림프관리를 기본으로 턱, 입술, 목 등 하관을 관리하는 갈바닉 부분 성형관리를 받았다. 그녀는 자신의 몸 상태를 잘 알고 체크하는 고객이었다. 그리고 예전에 뷰티사업도 했던 경험이 있어 이 분야에 대해 잘 알고 있었다. 그녀는 힘들다는 듯 말했다.

"운전을 장시간 하고, 무거운 짐을 들 때가 있어요. 그로 인해 몸과 어깨의 통증이 너무 심해요. 특히, 승모근과 목이 아프고, 목이 붓고 어깨가 올라가 있어 불편해요. 양쪽 목에 벽돌을 올리고 다니는 것 같아요."

"고객님은 목에 힘을 주는 습관이 있어 목이 항상 긴장되어 있어요. 목이 아프신 분들은 등 운동을 해야 해요."

"원장님한테 관리를 받고 나서 목과 어깨의 통증이 완화되고, 하관이 좋아지는 것을 확실히 느껴요. 그래서 꾸준히 찾아오게 되네요!"

그녀의 목은 견갑거근이 뭉쳐 경결반응이 있어 딱딱했고, 승모근이 단단해 위로 올라가 있었다. 뭉쳤다 다시 풀어지곤 하지만 이것이 지속되면 근육이 수축되어 통증을 일으킨다. 고객은 예쁜 얼굴을 가졌지만, 순환이 잘되지 않았다. 뭉치고 쌓이는 근육을 빨리 이완시키지 않으면 얼굴과 목이 부어 있는 상태가 된다. 그녀는 운동도 병행하고 있었지만, 운동할 때 힘을 쓰는 부분이 부족해 보였다. 특히, 등 운동을 할 때 승모근에 힘을 빼고 등에 있는 근육에 집중해서 힘을 줘야 한다. 하지만 대부분 사람들은 어떤 운동을 시작할 때 어깨에 힘을 주게 되어 승모근이 더 긴장되고 통증이 나타난다. 잘못된 운동으로도 몸의 통증을 유발할 수 있다. 특히, 등 운동을 할 때 어깨를 내려 승모근에 힘을 빼고 등 근육에 집중해서 운동해야 목과 어깨의 통증을 없앨 수 있다.

 2년 전, 나는 접촉사고로 병원을 찾은 적이 있다. 목 통증으로 한의원에 갔는데, 나를 치료한 한의사는 목에 이상 소견이 있다며 MRI 촬영을 권했다. 나는 평소 턱을 들고 다니는 나쁜 습관이 있음을 알고 있었지만, 평소에 유산소 운동과 근육 운동을 10년 넘게 꾸준히 했기 때문에 나쁜 자세에 대한 경각심은 없었다.

 MRI 촬영 결과 목 디스크 소견이 있었다. 나는 놀랐다. 하루도 빠짐없이 열심히 운동했는데 목 디스크라니! 받아들이기 어려웠다. 나쁜 자세가 이렇게 고질병으로 나타날 수 있다는 것을 의심조차 하지 않았기 때문이다. 이때 나는 숙인 자세가 제일 나쁜 자세라는 것을 알았다. 다섯 곳의 정형외과에서는 퇴행성이라 치료도 되지 않는다고 했다. 내 목 상태로는 일상생활도 어렵고, 무리한 일 또한 할 수 없다고 했다. 나는 일상생활은 물론 무리한 일도 하고 있던 터라 일을 할 수 없다는 말은 그야말로 충격이었다. 하지만 나는 더 열심히 운동했고, 다행히 디스크 통증으로 이어지지는 않았다. 하고 있는 일도 계속 하면서, 등 근육 강화 운동에 집중했다. 나는 스스로 원하는 근육 운동을 할 수 있어서 집중적으로 지속해서 운동할 수 있었다.

 병원에 가면 의사가 신기해 했다. 목 디스크임에도 불구하고 전과 똑같은 생활을 하고 있었기 때문이다. 내 목은 퇴행으로 서서히 나빠진 상태였지만 10년 전부터 계속 해온 근육 운동으로 목 근육이 목뼈를 잡아주기 때문에 가능한 일이라고 했다. 예전에는 단지 외모 때문에 운동했지만 지금은 건강을 유지하기 위해, 살기 위해 운동한다.

나는 매주 갈바닉으로 목관리를 하고 있다. 정형외과의 물리치료는 큰 효과를 볼 수 없었다. 내 몸은 내가 잘 알고, 연구하는 사람으로서 목의 근육을 이완시키는 갈바닉 관리를 스스로에게 하고 있다. 나는 직접적인 목 통증이 있었기 때문에 갈바닉으로 뭉친 근육을 풀고 연구했다. 아픈 사람이 아픈 이의 마음을 잘 알 수 있다. 그래서 나는 목관리를 모든 관리에 기본으로 포함시켜 집중 관리하고 있다.

지인의 소개로 왔다는 50대 초반의 여성은 목과 어깨 통증으로 방문한 고객이었다. 2주에 한 번씩 부분 성형관리를 받았다. 그녀는 피부관리를 받고 가면 한동안 목이 편안하다고 했다. 유독 목이 아파서 온 고객으로 얼굴에는 특별한 관심을 보이지 않았다. 한자리에 오래 앉아 일하는 직업이라 목이 항상 아프다는 그녀는 일주일에 두 번씩 필라테스를 했다. 운동을 하고 나면 목 통증이 더욱 심해져 병원을 찾았고, 이런 생활이 반복되어 힘들다고 했다. 그녀의 목과 어깨는 경직되어 있었고, 어깨도 안으로 말려 있는 라운드 숄더로 등도 굽어 있는 자세였다. 자세가 틀어지니 몸과 목도 비틀어져 있었다. 무엇보다도 그녀에게는 바른 자세로 만드는 교정이 시급해 보였다. 오랜 시간 몸이 비틀어진 상태로 지속되었기 때문에 바른 자세를 가지려는 노력이 필요했다.

반듯한 목을 만들려면 옆목과 뒷목, 쇄골의 관리가 중요하다. 특히, 목 옆 근육인 흉쇄유돌근은 목을 옆으로 돌렸을 때, 길게 생기는 근육으로, 얼굴을 돌린 상태에서 위, 아래로 손을 맞잡으면 목과 얼굴을 잡고 있는 근육이 건강해져 반듯해질 수 있다. 흉쇄유돌근에 있는 천창의 혈자리가 딱딱 걸리는 경우가 많은데, 천창의 혈자리는 흉쇄유돌근의 굵은 목 근육의 뒤쪽 날빗줄이 만져지는 곳이다. 이 혈자리는 난청, 이명, 중이염, 귀 질환과 갑상선이 부어오를 때, 목이 뻣뻣하고 아플 때 효과가 있다. 갈바닉으로 흉쇄유돌근과 천창을 부드럽게 이완시키다가 뭉친 근육을 짧고 강하게 풀어주면 옆으로 고개를 돌릴 때 편해진 것을 느낄 수 있다.

뒷목에 있는 승모근은 대부분의 사람이 딱딱하게 솟아올라 있다. 이 승모근이 내려가지 않으면 목 질환과 통증이 나타날 수 있다. 어깨에 있는 견정의 혈자리는 승모근의 운동점으로 통증이 유발되는 곳이다. 이곳은 후두골에 부착되어 있는 승모근을 잡아당기면서 대후두신경까지 함께 잡아당겨 두통을 일으킨다. 견정은 승모근 부위의 혈자리로 승모근을 풀어주는 효과가 있다. 갈바닉으로 강하고 깊게 눌러 뭉친 승모근을 이완시키고 풀어줘야 반듯한 목과 어깨를 가질 수 있다.

목의 긴장을 풀어줄 때, 머리를 옆으로 돌린다. 흉쇄유돌근의 긴장을 풀기 위해 완골, 천유, 천창, 천정의 혈자리를 갈바닉으로 밀착시켜 천천히 누르면 대부분 통증이 유발되는 자리다. 어깨의 긴장을 풀어줄 때, 승모근에 있는 견정의 혈자리를 이완시키고 천료와 곡원의 혈자리에 딱딱한 곳을 짧고 강하게 밀어주면 어깨 통증을 완화할 수 있다. 천료와 곡원은 견갑거근의 견갑골 상각에 있는 자리로 어깨를 직접적으로 풀어주게 된다.

두판상근은 목 뒤에 있는 근육으로 목 질환자 대부분이 아파하는 자리다. 뒷목에는 중요한 혈자리로 풍지, 천주, 아문, 풍부, 대추가 있다. 갈바닉으로 두판상근을 이완시키면서 풍지, 천주, 아문, 풍부, 대추의 혈자리를 짧고 강하게 풀어주면 목을 앞뒤로 움직일 때 편안함을 느낄 수 있다.

쇄골에 있는 사각근은 갈바닉으로 목에서 쇄골 방향으로 부드럽게 밀어주면 기사, 결분, 기호의 혈자리를 쇄골에서 만나게 된다. 이때 뭉치고 걸리는 근육은 쇄골에서 2초 머물러주면 목이 가벼워지는 느낌을 받게 된다. 움푹 들어간 쇄골은 림프절로 몸의 순환을 돕고 노폐물을 배출하는 기능도 한다.

갈바닉으로 목과 어깨의 뭉친 근육을 이완시키고 막을 부드럽게 끊어주면 즉시 효과를 볼 수 있다. 이렇듯 목 근육의 이완을 중요하게 관리하다 보니, 우리 숍에는 피부와 얼굴뿐만 아니라, 목과 어깨가 아파서 오는 고객이 많아지고 있는 추세다. 어깨 통증이 없어져야 목도 반듯해질 수 있다. 목과 어깨의 근육은 서로 연결되어 있기 때문에 어깨관리가 중요하다.

목이 건강하고 반듯하지 않으면 피부와 얼굴이 좋아질 수 없다. 목은 피부와 얼굴의 통로다. 수많은 근육과 신경이 목을 지나 몸으로 연결되기 때문에 중요성을 간과할 수 없다. 특히, 뒷목이 튀어나오기 시작하면 목이 짧아지고 두꺼워져, 주름이 생긴 자리는 목걸이가 만들어지기까지 한다. 반듯하지 않은 목은 순환이 되지 않아 귀밑으로 주름이 만들어지는데, 이것이 마치 목걸이처럼도 보이기 때문이다. 거울에 비친 자신의 목에 주름 목걸이가 있는지 스스로 확인해보자.

반듯한 목을 만들기 위해서는 숙이는 자세와 장시간 고정된 자세를 피해야 한다. 대개 잠을 잘못 자서 목과 어깨가 결린다고 생각하지만, 평소 자세가 바르지 않거나 목 부위에 긴장되는 일을 장시간 할 경우나 스트레스와 피로가 누적되면서 목 통증이 나타난다. 장시간 일할 때와 잠을 잘 때, 중간에 어깨를 최대한 위로 올리며 뒤로 천천히 빼고 10초간 유지하는 습관을 가져야 한다. 밑에서 누가 잡아당기듯 어깨를 밑으로 내리는 스트레칭을 하는 습관도 중요하다. 특히 수면 시, 옆으로 눕거나 엎드리지 않고 똑바로 자는 자세는 하루 종일 피로한 목을 편하게 쉴 수 있게 한다.

등 근육을 쓰지 않으면 승모에 힘이 수축되어 목 통증이 유발되기 때문에 목이 불편한 사람은 등 근육을 강화하는 운동을 반드시 해야 한다. 건강하고 반듯한 목은 뭉친 근육이 없고, 순환이 잘되며, 바른 자세를 유지해서 예쁘고 작은 동안의 얼굴을 만들어준다. 스트레칭하는 습관을 생활화해서 반듯한 목을 가지는 것이야말로 예쁜 얼굴의 필수조건이다. 당신은 반듯한 목을 만들기 위해 어떤 자세를 하고 있는지 스스로 확인해보길 바란다.

입술 모양이 얼굴을 결정한다

　입술은 우리의 감정을 보여주는 표정 근육이다. 특히, 일상생활에서 말하거나, 음식을 씹을 때나 수많은 감정에 따라서 입술에 많은 변화를 가져올 수 있다. 근육의 잘못된 습관은 입술이 튀어나오거나, 처지게 할 수 있다. 특히, 노화가 시작되면 입술의 노화를 빠르게 체감할 수 있다.

　지인소개로 50대 고객이 방문했다. 그녀는 학교에서 상담 선생님으로 근무하는데, 답답하다는 듯 자신의 고민을 털어놓았다.
　"목과 어깨 통증은 항상 있어서 일주일에 한 번씩 한의원에 가서 침을 맞아요. 원장님이 림프관리를 잘한다고 지인이 소개해줘서 왔어요. 입술 주름도 관리한다고 들었는데, 요즘 제가 입술에 주름도 생기기 시작해요. 입술이 예전 같지 않아서 속상해요. 입술이 튀어나오고 만두소같이 불룩해요. 입술 관리가 가능할까요?"

"목과 어깨는 림프관리를 기본으로 하기에 꾸준히 방문하면 충분히 좋아져요. 갈바닉으로 입술을 직접 만져봐야 알 수 있지만, 육안으로 볼 때는 심하지 않아 효과가 있을 거예요."

"지인이 원장님 칭찬을 많이 했어요. 보통의 피부숍과 다른 특별한 관리를 한다고 들었어요. 기대하고 있어요!"

그녀는 첫날 갈바닉 성형관리를 받고 아파했지만 끝까지 참았다. 평소에 아픈 자리였기 때문에 애써 참는 것이 보였다. 얼굴에 있는 주름 근막을 제거하는 모습에 생소해 하며, 입술을 관리할 때 그녀는 놀란 눈치였다. 평소 보지도 듣지도 못한 내 기술이 신기한 듯 감탄했다. 첫날 관리가 끝나자 나를 인정했는지, 관리를 받을 때는 너무 아파서 '앞으로 더 받을 수 있을까?'라는 생각을 했는데, 받고 나니 목과 어깨가 잘 돌아가고 얼굴이 너무 시원하다고 했다.

그녀는 이후 매주 한 번씩 방문했다. 피부관리 6회쯤이 지나서 그녀는 말했다.

"원장님한테 관리를 받은 후로는 한의원에 가지 않아요. 원장님 덕분에 목과 어깨 통증이 좋아졌어요. 최근에 만나는 지인들이 얼굴에 시술한 줄 알아요. 특히, 입술이 예뻐졌다고 칭찬을 듣고 있어요. 달라진 입술은 제가 봐도 신기해요. 수술 없이 입술을 예쁘게 만드는 기술은 원장님밖에 없을 거예요. 너무 감사해요."

그녀는 2년 넘게 지금도 우리 숍을 방문하는 단골이 되었다. 처음 1년은 일주일에 한 번씩 전체 성형관리를 받고 정리된 얼굴을 만들었는데, 최근에는 2주에 한 번씩 주름에 집중해서 얼굴 주름 근막을 제거하고 있다.

얼굴에서 주름이 가장 많은 곳이 입술이다. 잘못된 습관이 오래 지속되면 입술 근육은 강하게 발달되어 입술 주름이 많이 생기고, 두툼하게 변한다. 일반적으로 근육이 강하고 발달하면 단단한 근육으로 형성된다. 몸에 발달된 단단한 근육은 건강한 근육질 몸매가 되지만, 얼굴에 발달된 근육은 골이 만들어져 깊어지면 주름이 된다.

입술 근육이 발달되면 윗입술이 두툼해지고 아랫입술도 지방이 차면서 두툼해진다. 아랫입술보다는 윗입술이 두툼해지는 현상이 더욱 뚜렷하게 나타난다. 두툼해진 윗입술은 세로줄의 근육이 강한 끈을 형성해 단단해진다. 단단하게 발달된 윗입술은 주름으로 나타난다. 이 주름이 오래되면 굴곡이 생겨 입술이 안으로 말려 들어가는 현상이 생긴다. 하지만 단단해진 세로줄 근육을 근육 반대 방향으로 부드럽게 풀어주면 매끈한 입술이 될 수 있다. 입술관리 시, 입술 아래에 이가 있기 때문에 불편함이 있지만, 근막을 풀어주면 입술이 가벼워지고 얼굴선이 달라지는 효과가 있다.

50대 초반의 사업을 하는 고객이 목과 어깨 통증으로 숍을 방문했다. 얼굴에는 관심이 없어 처음에는 목과 어깨를 중심으로 관리했다. 시간이 지나면서 얼굴에 나타나는 주름이 눈에 띄기 시작했고, 특히 입술이 두툼했으며 인중이 없어지기 시작했다. 주름진 입술은 입술 안으로 말려 들어가 입술이 작아졌다. 나는 그녀에게 입술 모양에 대해 이야기하고 입술 근막을 제거하는 것을 제안했다. 입술 아래에 이가 있어, 관리할 때 불편하고 아플 수 있지만, 막상 입술 근막을 제거하고 난 후, 그녀는 매끈한 입술이 되었고, 얼굴 선도 달라지는 효과를 봤다. 입술 근육과 턱 근육은 연결되어 있기에 입술과 입술 주변의 뭉친 근육을 이완시키면 처진 턱에도 큰 효과를 볼 수 있다.

시간이 흘러, 그녀의 딸도 방문했다. 스물여섯 살의 직장인이었다. 그녀는 자신의 얼굴 상태를 자세히 설명했다.

"얼굴에 갑자기 여드름이 생겼어요. 피부과와 다른 피부숍에도 상담하러 갔는데 마음에 들지 않는다고 엄마한테 이야기했더니 원장님을 추천해줬어요. 특히, 팔자주름이 생기고, 턱이 처지는 느낌이 들어요."

"그러게요. 나이에 비해 탄력이 조금 부족해 보여요. 제가 볼 때 가장 문제는 입술이에요. 입술 근육인 구륜근이 많이 발달되어 있고, 윗입술은 세로줄의 근육이 세게 발달했어요. 윗입술이 튀어나와 있어 팔자주름이 심해 보일 뿐이에요. 대부분 가만히 있는 팔자주름을 문제라고 지적하는데, 사실 대부분 팔자주름은 문제가 없어요. 단지 입술이 두툼해지거나, 콧선이 명확하지 않고 코와 볼과 붙어 심술보가 심해지면 팔자주름이 깊어지는 원인이라고 봐요. 팔자주름은 있어야지 웃을 때 봉긋한 앞광대를 받쳐줘 동안 얼굴이 될 수 있어요."

그녀는 어떤 관리를 받으면 좋을지 물었고, 나는 기본관리는 고객님 얼굴에는 약하고 입술과 턱의 근육을 풀어줘야 하기 때문에 갈바닉 부분 성형관리를 추천한다고 말했다. 젊기 때문에 바로 달라지는 것을 느낄 수 있을 것이다. 그녀는 피부관리를 처음 받아봐서 잘 받을 수 있을지 걱정이 된다고 했다. 나는 처음 관리를 받아본다고 하니 조심스럽지만, 의외로 자기 생각보다 잘 참는 분도 많으니 너무 걱정하지 말라고 안심시켰다. 조금 아플 수도 있지만 아플 것 같은 부위는 관리 들어가기 전에 미리 이야기할 거라고 말해 줬다.

그녀는 피부관리를 처음 받아본다고 했다. 하지만 그녀는 림프관리를 할 때부터 아픈 것보다 시원함을 먼저 느꼈다. 얼굴 성형관리를 할 때 입술 주름 근막을 제거하기 시작했다. 특히, 근육이 센 입술은 많이 뭉쳐 있었다. 왼쪽 턱은 크고 근육이 발달해 약간의 비대칭도 있었다. 그래서 갈바닉 부분 성형관리를 턱과 입술에 집중했다. 그리고 옆 광대가 돌출되어 있어 림프관리를 할 때 광대근육을 이완시켜서 림프를 순환해 풀었다.

그녀는 관리를 마치고 놀란 듯했다. 한 번 받았는데 얼굴이 달라진 것을 한눈에 알아봤다. 돌출된 광대는 내려가 턱선과 부드럽게 이어져 두드러지게 보이는 곳이 없도록 했다. 특히, 두툼했던 윗입술이 내려가면서 인중이 뚜렷해지고 입술선이 선명해졌으며, 말려 있던 입술이 펴졌다. 아랫입술 밑은 지방이 많아서 집중적으로 그 부분의 지방을 풀어줬다. 입술이 달라지자 부드러운 인상이 되었다. 그녀는 전체적으로 얼굴선이 살아나고 예전 얼굴이 보인다고 했다. 얼굴은 뼈에 밀착되어 정리된 얼굴이 되었다. 이렇게 나이가 젊은 고객은 피부관리 후, 붓기가 있음에도 불구하고 얼굴이 달라지는 것을 바로 알아볼 수 있다. 하지만 비만이거나, 나이가 많거나, 순환이 안 되는 고객은 부기와 통증이 2~7일 정도 지속되고 난 후에야 효과를 느낄 수 있다. 피부관리를 받은 첫날은 거의 대부분 울퉁불퉁 못난이가 된다. 하지만 젊고 순환이 잘되는 고객은 부기가 덜하기 때문에 달라지는 효과를 바로 확인할 수 있다.

입술 근육에는 입둘레근(구륜근), 입꼬리올림근(구각거근), 윗입술올림근(상순거근), 윗입술콧방울올림근(상순비익거근), 입꼬리당김근(소근), 입꼬리내림근(구각하제근), 아랫입술내림근(하순하제근)이 있다. 구륜근이 입술 주변을 감싸고 있는 근육으로 입술의 변화가 뚜렷하게 나타나며 단단한 막이 윗입술에 많이 형성한다. 구륜근에는 화료, 수구, 태단의 혈자리가 있다. 화료는 콧구멍 밑의 가운데 양쪽에 있는 혈로, 콧병을 다스리며 인중이 비틀어진 사람에게 많이 사용한다. 수구는 인중 한가운데 있는 혈이며, 얼굴 부종이나 안면 신경 마비에 좋은 자리다. 태단은 윗입술 끝에 있는 혈이며, 입 질환이나 구안와사에도 잘 듣는다.

갈바닉으로 구륜근의 근육을 넓게 이완시키며 화료, 수구, 태단의 혈자리를 눌러준다. 이때, 갈바닉으로 화료 혈자리를 이완시키며 걸리는 막을 짧고 강하게 풀어주면, 두툼한 윗입술이 내려가는 효과가 있다. 특히, 대부분 사람은 왼쪽에 있는 화료 혈자리가 많이 뭉쳐 있다. 이곳을 풀어주면 입술이 편안해지는 것을 느낄 수 있다.

두툼해진 윗입술로 인중이 없어지고, 입술이 말려 들어가고, 윗입술 면적이 작아질 때, 갈바닉으로 수구의 혈자리를 풀어주면 인중이 뚜렷해지고 윗입술이 커지는 효과가 있다. 입술 색과 선이 분명하지 않을 때, 갈바닉으로 태단의 혈자리를 풀어주면 입술의 색과 선이 선명해지는 효과가 있다.

코 주위 근육으로 코중격내림근(비중격하제근)이 있는데, 콧구멍 바로 밑에 있는 이 근육을 이완시키면서 단단하게 뭉쳐 있는 근육을 깊게 풀어주면 윗입술이 매끈해지는 효과가 있다. 입술 근육 중 입꼬리당김근(소근)에 있는 지창의 혈자리가 있다. 지창은 양쪽 입꼬리에 있는 혈이며, 입 질환이나 입 주위에 주름살이 생길 때 효과가 있다. 이때, 갈바닉으로 입꼬리당김근(소근)과 지창을 이완시키며 단단한 막을 끊어주면, 처진 입꼬리가 올라가는 효과가 있다.

입술 근육 중 하순하제근에 있는 승장의 혈자리가 있다. 승장은 아랫입술 바로 밑 중앙에 있는 혈이다. 갈바닉으로 하순하제근과 승장을 이완시키면 두툼한 아랫입술이 내려가게 되고 턱도 작아지는 효과가 있다. 그리고 여성들은 호르몬의 변화로 트러블이 생겨 입술 밑과 턱이 울퉁불퉁해진다. 이곳에 있는 승장혈을 중심으로 이완시키면 입술 밑과 턱이 매끈해질 수 있고, 턱선도 살아나 V라인이 될 수 있다.

얼굴 성형관리 시, 나는 갈바닉으로 얼굴 주름 근막을 제거하는 기술을 개발했다. 갈바닉 하나로 얼굴의 주름진 곳의 근육을 이완시키고 단단한 막을 부드럽게 끊어주는 기술을 연구해 활용하고 있다. 특히, 성형 수술 자체가 없는 입술 주름에 가장 뛰어난 기술을 개발했다. 성형외과에서 시도하는 시술로는 주름진 입술 근육에 지방주사를 맞는 것이 입술 성형의 끝이라고 볼 수 있다. 하지만 입술의 근막 제거는 부작용 없이 입술 근육과 단단한 막을 이완시키고 끊어주는 기술로 두툼해진 입술과 입술 주름을 제거할 수 있다.

입술 모양이 얼굴을 결정한다. 얼굴의 중력을 입술과 턱이 받기 때문에 얼굴에서 변화가 가장 많이 나타난다. 하관에서 입술이 가장 중심이 되고, 표정 근육과 습관으로 가장 많이 변화하는 곳이기 때문이다. 그래서 입술 모양이 얼굴을 결정하는 기준이 된다.

예로 연세가 많은 할머니의 입술 모양을 연상하면 알 수 있다.

할머니의 입술은 두툼하고 인중도 없어진 채, 입술선이 없어지고 많은 주름과 함께 윗입술은 입술 안으로 말려들어 만두 입술이 된다. 그것은 단시간에 된 것이 아니라, 수많은 시간이 쌓이고 누적되어 만들어진 것이다. 특히, 입 근육인 입꼬리당김근과 입꼬리내림근이 발달한 곳을 이완해 불독주름을 완화할 수 있다. 이 근육은 턱에도 영향을 줘 얼굴선이 달라지기도 한다. 이렇듯 입술 모양은 여성의 나이를 측정할 수 있는 부분이기도 하다.

긍정적인 생각과 웃는 습관으로 입술 주변의 근육이 뭉치지 않도록 해야 한다. 입술 모양에 따라 상대방에게 호감을 주는 얼굴을 만들 수 있다. 하관에 있는 턱과 입술 처짐의 정도에 따라 나이가 결정된다고 볼 수 있다. 그리고 입술 모양에 따라 얼굴 전체 이미지가 결정된다고 볼 수 있다. 얼굴 분위기를 결정하는 입술이 튀어나오거나 지나친 주름이 있는지 스스로 확인해보길 바란다.

얼굴 이미지를 바꾸는 광대 만들기

    광대는 사람의 이미지를 바꾸기도 한다. 밋밋한 광대보다는 약간 둥글고 광대가 드러나지 않아야 얼굴에 맞는 조화로운 광대가 된다. 웃을 때는 둥근 광대뼈가 봉곳하게 보이고, 웃지 않을 때는 광대뼈가 드러나지 않고 평평해야 된다. 광대뼈의 크기에 따라 세게 보이거나 부드럽게 보이는 얼굴 이미지가 된다.

    특히 웃을 때, 둥근 광대를 받쳐주는 것은 팔자다. 보통 팔자는 무조건 필러로 채워 없애야 하는 것으로 오인하고 있다. 팔자에 이물질이 있으면 웃을 때 어색하다. 팔자는 광대를 받쳐주지 못하고 광대와 같이 윗입술이 붙어 있는 느낌을 주어 부자연스럽고 어색하게 보일 수 있다.

50대 후반의 여성은 친구의 달라진 얼굴을 보고 방문한 고객이었다.

"며칠 전 친구를 1년 만에 만나 식사하는 자리를 가졌는데, 친구의 큰 광대가 작아진 걸 보고 화들짝 놀랐어요. 친구 얼굴이 달라진 것을 한눈에 알 수 있었어요. 뭐 했냐고 물어봤더니 원장님한테 갈바닉 전체 성형관리를 받았다고 해서 왔어요. 저, 용산에서 왔어요. 동탄까지 오는데 1시간 30분이 걸려요."

"멀리서 찾아와주시고, 감사합니다. 제가 최선을 다해 관리할게요. 고객님 얼굴에서 어디가 맘에 안 드세요?"

"저는 광대가 자꾸 커지는 것 같아 불만이에요. 옆 광대, 앞 광대가 커져 강한 이미지로 보여서 속상해요. 원장님, 광대를 줄일 수 있을까요?"

"광대를 줄이는 관리를 할 때 조금 강하게 해야 효과가 있어요. 조금 아픈데 참을 수 있을까요?"

"마사지를 많이 받아봐서 괜찮아요. 원장님이 보고 알아서 해주세요."

그녀는 처음 보자마자 나를 신뢰하고 믿었다. 나에 대해 알고 왔기 때문에 상담하기가 수월했다.

그녀는 갈바닉 성형관리를 받을 때, 아파하지 않고 오히려 시원함을 느끼곤 했다. 원장이 처음부터 끝까지 하는 곳도 없고 프로그램 자체가 특별하다고 그녀는 칭찬을 아끼지 않았다.

그녀의 광대는 생각보다 크고 강했다. 앞 광대, 옆 광대는 보통 사람보다 컸다. 마른 몸이었지만 얼굴과 몸의 순환이 원활하지 않아, 정체된 광대는 자꾸 커져만 갔다. 그녀의 림프 순환을 원활히 한 후, 갈바닉으로 얼굴 주름 근막을 제거했다. 앞 광대와 옆 광대를 갈바닉으로 줄이는 데 집중했다. 큰 광대는 다른 사람보다 많은 시간과 힘이 들어갔다. 그녀는 갈바닉으로 관리하고 난 후, 왼쪽 광대는 뭉친 근육자리에 반응점이 생겨 항상 빨갛게 변했다.

갈바닉으로 앞 광대에 있는 볼 근육의 작은광대근(소협골근), 큰광대근(대협골근), 볼근(협근)을 넓게 이완시키고, 거료와 권료의 혈자리를 집중해서 누르고 뭉친 근육을 풀어준다. 특히, 옆 광대를 줄일 때는 귀 근육의 앞귓바퀴근(전이개근)을 근육 반대 방향으로 이완시킨다. 이완시킨 옆 광대는 내려가며 작아진다. 옆 광대가 내려가면 얼굴폭이 줄어드는 효과가 있다. 그녀는 광대 때문에 강한 이미지로 보여 속상했지만, 관리 후 작아진 광대를 보고 만족했다. 특히, 그녀의 왼쪽 광대가 더 커서 좌우 균형이 맞지 않아, 왼쪽을 오른쪽보다 더 센 압을 주고 관리했다.

관리 후, 광대가 작아지고 얼굴은 부드러운 이미지로 보였다. 그후, 그녀는 매주 방문했다. 용산에서 동탄까지 매주 방문하는 것이 절대 쉬운 일이 아님을 알기에 걱정되있다. 1년이 지난 후, 그녀의 얼굴과 광대가 좋아져 정리된 얼굴이 되기 시작했다. 나는 그녀에게 2주에 한 번씩 방문하라고 권유했다. 얼굴도 좋아졌고 멀리서 오는 것이 위험했기 때문이었다. 그녀는 최근에는 버스를 타고 방문한다. 단골 고객이 되어 커지는 광대를 중심으로 꾸준한 관리를 하고 있다.

50세 직장인 여성이 숍을 방문했다. 웃는 모습이 예쁜 고객이었다. 그녀는 나를 보고 말했다.

"원장님도 운동 많이 하나 봐요. 제가 아는 지인도 대회에 나가서 상도 받고 했어요. 영어 선생이고 5명의 자녀가 있어요."

"내가 나간 대회에서 알게 된 언니도 영어 선생이고 5명의 자녀가 있는데…."

서로 말하는 사람이 같은 사람이라는 사실을 알고 놀랐다. 세상은 넓지만 좁기도 했다. 공통된 지인의 이야기를 하며 고객에게 친근함을 느꼈다. 그녀는 유독 광대가 돌출되어 있어 고민인데, 광대를 내릴 수 있을지 물었다. 나는 고객의 경우, 앞 광대만 돌출되어 있고 옆 광대는 심하지 않으며, 평소 볼 근육을 많이 써서 근육이 발달해서 강하게 된 것이라고 알려줬다. 뭉치고 강해진 근육을 이완시키고 풀어주면 앞 근육은 작아질 수 있다고 하자 그녀는 "원장님만 믿을게요. 부탁해요"라고 말했다. 그녀는 그 후 매주 일요일에 방문해 쌓이고 뭉친 광대 근육을 중심으로 이완시키는 관리를 받았다.

그녀는 볼 근육을 많이 써서 앞 광대 근육이 발달했다. 특히, 큰 광대근과 작은광대근이 발달했다. 큰광대근의 거료의 혈자리가 많이 뭉쳐 있어서 걸리는 막을 부드럽게 풀어주자 앞 광대의 크기가 작아졌다. 오른쪽 광대보다 왼쪽 광대가 좀 더 발달해 왼쪽 광대를 세게 힘주어 관리했다. 관리 후, 그녀의 얼굴은 매끈하고 작아진 광대로 부드러운 이미지가 되었다.

나는 갈바닉 기술로 얼굴의 주름 근막을 제거하는 프로그램을 개발했다. 뭉친 근육과 혈자리를 이완시켜 커진 광대뼈의 세포를 줄일 수 있는 기술을 보유하고 있다. 갈바닉으로 볼 근육인 작은광대근(소협골근), 큰광대근(대협골근), 볼근(협근)을 근육 방향으로 이완시켜 단단한 근육을 풀어준다.

앞 광대뼈에는 거료와 권료의 혈자리가 있다. 거료는 코끝과 눈동자와 직선이 되는 곳에 위치해 있는데, 뺨이 부었을 때 효과가 있는 혈자리다. 권료는 눈끝에서 수직으로 내려가 광대뼈 아래쪽 우묵한 곳에 위치해 있는데, 얼굴 주름살이나 광대뼈 부위의 기미나 황달에 좋은 혈자리다. 가장 튀어나온 근육을 둥글게 이완시키면 광대가 줄어드는 효과가 빠르게 나타난다.

앞 광대뼈가 돌출된 경우, 갈바닉으로 큰광대근, 작은광대근, 볼근의 뭉친 근육을 이완시키고 이때, 거료와 권료의 중요한 혈자리를 밀착해 눌러주면 근육이 풀어지고 뼈의 세포가 줄어들어 앞 광대뼈가 작아지는 효과를 볼 수 있다. 특히, 거료의 혈자리에 걸리는 막을 부드럽게 끊어주면 뭉친 근육을 빨리 풀어주는 효과가 있다. 이때 심술보가 있는 경우 줄어들기도 한다.

눈 바로 밑 광대가 울퉁불퉁한 경우, 눈 주위 근육인 눈둘레근(안륜근)의 눈밑의 근육을 이완시키면 안정감 있는 광대를 만들 수 있다. 이때 눈 밑에 있는 승읍과 사백을 부드럽게 이완시키면 눈밑 지방이 줄어든다. 눈밑과 광대가 연결되어 있어 광대 위쪽도 매끈해질 수 있다.

광대뼈에는 상관, 하관, 현로, 현리의 혈자리가 있다. 상관은 입을 벌리면 우묵해지는 곳으로 안면 신경마비와 구안와사에 좋은 혈자리다. 하관은 상관혈 아래 튀어나온 뼈 뒤 우묵하게 들어간 곳의 맥이 뛰는 자리로 아래턱 관절 통증에 좋은 혈자리다. 현로는 눈썹 끝 옆에 있는 자리로 두통을 고치는 혈자리다. 현리는 눈꼬리 옆에 있는 곳으로 편두통을 고치는 혈자리다.

옆 광대가 돌출된 경우, 귀근육의 앞귓바퀴근(전이개근)을 근육 반대 방향으로 이완시키면 옆 광대가 내려간다. 옆 광대가 내려가면 얼굴 폭이 줄어들어 얼굴이 작아지는 효과가 있다.

옆 광대에 있는 상관, 하관의 혈자리를 세로 방향으로 눌러주면 옆 광대뼈가 작아지는 효과를 볼 수 있다. 상관과 하관은 눈 아래쪽 옆 광대가 큰 경우에 효과가 좋다.

갈바닉으로 눈꼬리 옆에 있는 현로, 현리의 혈자리를 부채꼴 모양으로 눌러 이완한다. 현로와 현리는 눈 위쪽 옆 광대가 큰 경우에 효과를 볼 수 있다. 돌출되거나 벌어진 광대는 부피가 줄어들어 광대는 물론 얼굴이 작아지는 효과도 볼 수 있다. 즉, 눈 아래쪽 옆 광대가 튀어나오면 상관, 하관을 이완시키고 눈 위쪽 옆 광대가 튀어나오면 귀앞에 있는 현로, 현리를 중심으로 이완한다. 상관, 하관, 현로, 현리의 혈자리를 이완시키면 얼굴폭이 좁아지며 옆 광대가 내려가는 효과를 볼 수 있다. 이렇듯 광대가 드러나지 않고 평평하게 되어 부드러운 이미지가 될 수 있다.

나는 밋밋한 광대보다는 얼굴의 균형에 맞는 광대를 선호한다. 너무 크지도 작지도 않는 광대가 최상이라고 본다. 유전적으로 타고 나는 경우도 있지만 음식을 씹을 때, 말을 많이 할 때, 표정 근육에 의해 위로 솟은 광대뼈가 되기도 한다. 광대가 옆으로 벌어져 있거나 돌출되어 있으면 강해보이고, 고집이 세보여 부정적인 이미지로 비춰질 수 있다. 림프순환이 되지 않아 옆 광대뼈가 커지는 경우가 대부분이다. 이렇게 큰 광대는 부피가 커져 얼굴까지 크게 보이기도 한다. 위로 솟은 광대와 돌출된 광대가 작아지면 부드러운 이미지로 비춰진다. 벌어진 옆 광대뼈가 좁아지면 얼굴 폭이 작아져 매력적인 광대와 함께 우아한 이미지가 될 수 있다. 근육과 혈자리를 이용해, 얼굴 주름 근막을 제거하고, 광대로 인해 부드럽고 우아한 얼굴 이미지를 만들어보면 어떨까?

자존감이 높아지는 반듯한 코 만들기

얼굴에서 가장 중심이 되는 코는 얼굴에서 유일하게 돌출되어 있다. 코는 흉터가 없이 매끈해야 하고, 비틀어지지 않고 반듯해야 된다. 코가 비틀어진 사람은 사업을 하면 잘되지 않는다는 속설도 있다. 그만큼 관상학적으로도 의미가 많은 코는 삶과 밀접한 관련이 있다.

고등학교 때 공부를 아주 잘하는 친구가 있었는데, 그 친구는 콧대가 전혀 없었다. 밋밋한 얼굴의 그 친구는 콧대가 없어 막힘이 없다고 해 별명이 '고속도로'였다. 나는 어릴 때부터 코에 대한 집착이 있었다. 나 역시 낮은 코였기 때문에 그런 별명으로 불려질까 두려웠다. 그 후, 나는 코를 조금이라도 높이고 싶은 마음에 빨래집게로 코를 집어놓고 자곤 했다. 나는 콧대 없는 큰 코로 콧볼이 유난히 뚱뚱하고 콧구멍이 가로로 넓은 주먹코였다. 이런 코를 어른들은 복코라고 해 복의 근원이라고 관상학적으로 매우 좋다고 했다. 그러나 내 주먹코는 미관상 좋아 보이지 않았고 투박하게만 보여 내 마음에 들지 않았다. 그렇게 나는 코에 관한 집착이 강했고, 높은 코를 갈망하고 부러워했다.

일곱 살 때 나는 아파트 그네를 타고 놀다가 쓰러진 적이 있다. 누군가의 그네를 밀어주고 잠시 한눈을 팔다가 무서운 속도로 돌아오는 그네에 코를 부딪치고 말았고, 그 충격으로 잠시 쓰러졌다. 너무 아팠던 그때의 기억이 생생하다. 옛날 그네 안장은 쇠로 되어 있어 멍과 함께 코는 엄청 부었고, 그네에 부딪친 상처는 콧대를 강타해 가로모양의 흉터를 남겼다. 그 후로 나는 그네를 타지도 밀어주지도 않았다. 평소부터 콧대가 없다고 놀림을 받았는데, 없는 콧대에 흉까지 얻게 되어 엄청 속상했다.

몇 년 후, 초등학생 무렵 오빠와 바둑을 하며 놀다가 오빠가 무심코 던진 바둑돌을 담는 뚜껑이 내게 날라와 코를 강타하고 말았다. 없는 콧대에 세게 맞았고, 자국은 또 흉터로 남았다. 원래 낮은 코였지만 두 번의 큰 부딪침의 충격으로 코가 더 낮아진 느낌이 들었다. 그 후로 성인 될 때까지 늘 코를 보고 속상해 하며 성형 수술에 관심을 가졌다. 엄마한테 수술하고 싶다고 이야기하기도 했다. 하지만 유교적인 집안 분위기에서 얼굴에 메스를 대는 것은 통하지 않았고, 금전적인 여유도 없었다. 하지만 예쁜 코를 갖고 싶은 마음은 거울을 볼 때마다 커져만 갔다.

　코에 대한 집착은 쉽게 없어지지 않았다. 내 눈, 코, 입이 예쁜 편은 아니지만 얼굴의 전체적인 비율이 좋은 편이고, 그래서 분위기 있는 얼굴로 인상 좋다는 이야기를 듣곤 했다. 그래서 더욱 입체감이 있으면 좋겠다는 생각을 늘 했다. 낮은 코에 대한 아쉬움이 항상 있었고, 코에 생긴 흉터는 콧대 밑으로 내려와 볼 때마다 더욱 속상했다.

　앞에서도 말했지만, 피부에 대한 관심과 집착으로 나는 직접 관리하기에 이르렀다. 내 얼굴을 실험 삼아 갈바닉을 이용해 프로그램을 완성했다. 하루도 빠짐없이 매일 얼굴과 피부를 관리하고 연구했다. 연구는 피부에서 끝나지 않고 메스를 대지 않고 부작용 없이 성형될 수 있는 방법을 알아냈다. 하나씩 얻어낸 결과를 바탕으로 얼굴 전문 피부숍을 창업하게 되었다.

　코에 대한 집착은 지금도 진행형이다. 근육을 만지고 혈자리를 눌러 반듯한 코를 만들 수 있는 기술을 연구 중이다. 내 얼굴을 통해 기술개발과 연구를 매일 하고 있다. 피부관리와 함께 성형 효과는 고객에게 입증되었다. 얼굴이 달라지는 갈바닉 성형관리 기법을 완성해 얼굴의 주름 근막을 제거하는 개발에 이르렀다.

　49세의 토끼띠 여성 고객이 있다. 3년 넘게 매주 방문하는 '찐 고객'이다. 그녀는 보험회사의 보상과에서 일하고 있는데, 부서 변동과 함께 과다한 업무에 시달려 힘들어했다. 나는 자영업을 하기에 쉬고 싶어도 자유롭게 쉴 수 없는데, 직장인은 쉬는 날에 쉴 수 있는 게 부러웠다. 그녀는 나를 부러워하고, 나는 그녀를 부러워하며 서로 위로하고 힘이 되어주는 사이가 되었다. 고객으로 만난 사이지만 지금은 친구 이상의 관계가 되었다. 가족의 안부를 묻고, 염려하며 생각해주는 사이가 되었다. 2021년 코로나가 심했던 시기에 내가 코로나에 감염되어 생활치료소로 이송되어 치료를 받았을 때도 염려와 걱정을 해주었다. 나로 인해 코로나 검사와 자가 격리를 해야 하는 민폐를 끼친 상황도 있었지만, 나를 원망하지 않고 어쩔 수 없는 상황을 이해해주었다. 우리는 그때 코로나로 인해 긴박했던 상황을 이제는 웃으며 이야기하곤 한다.

그녀는 매주 토요일 오전 피부관리를 받는다. 그녀가 어느 날 말했다.

"제가 처음에는 일이 힘들어 목과 어깨 통증 때문에 여기에 와서 풀었지만, 요즘은 코 때문에 오게 되네요. 원장님 아시죠? 나는 얼굴에 관심이 별로 없었는데, 얼굴이 달라지고 바뀌니까 욕심이 생겨요. 그래서 매주 안 오면 코 때문에 불안해요."

"나도 그 마음, 알죠! 나도 매일 갈바닉을 안 하면 불안해요. 갈바닉을 하면 늙지 않는다는 것을 아니까요. 안 받아보면 모르죠. 남들보다 확실히 늙는 속도가 느려요. 24시간 중에 12시간은 노화가 잠김 상태가 되죠. 늙어도 어색함 없이, 자연스럽고 우아하게 늙게 되니까요. 그 느낌 아시죠?"

"제가 직장을 다니는 동안은 원장님한테 계속 갈바닉 전체 성형 관리를 받을 생각이에요. 없는 코를 만들어줘서 감사해요. 요즘 자신감이 생겨요. 코가 입체적을 보이고 콧대가 생겨서 신나요. 나도 이제 코를 중요하게 생각하게 됐어요. 원장님이 유독 코에 집중해서 관리하니까 나는 좋아요. 피부관리도 받고, 목과 어깨의 통증도 완화되어 열심히 일하며 일주일을 견디고 있어요. 갈바닉 전체 성형관리를 받으면서 콧대도 생기고, 이렇게 일석 삼조의 효과가 있는 피부관리를 어떻게 안 할 수가 있겠어요. 무조건 받아야죠!"

"진심과 정성을 다해 관리하는 것을 인정해줘서 감사해요. 잘해 줘도 그걸 모르는 사람도 있는데, 알아주시니 감사합니다."

나는 진심을 담아 말했다. 나는 그녀의 목과 어깨, 코를 중심으로 피부관리를 하고 있다. 그녀는 지금도 일주일에 한 번씩 방문하는 단골 이상의 고객이다.

코 주위의 근육인 코근(비근)과 입 주위에 있는 윗입술 콧방울올림근(상순비익거근)과 눈 주위 근육인 눈썹내림근(미모하제근), 이 세 곳의 근육은 코에 변화를 주는 주요 근육이다. 상순비익거근의 근육을 갈바닉으로 세로 방향으로 이완시키면 코와 볼이 분리되어 코가 커지는 효과가 있고, 동안의 이미지를 얻을 수 있다. 영향은 콧방울 옆에 위치한 혈자리로 코 질환에 좋은 자리다. 영향은 향을 맞이한다는 뜻으로 알레르기 비염이나 코막힘이 있을 때 누르면 코가 시원해진다. 영향혈을 갈바닉을 세워 안쪽에서 바깥쪽으로 밀어주면 코가 뚫려 즉시 시원함을 느낄 수 있다. 또한 코 질병에도 도움을 준다. 상순비익거근의 근육을 이완시키며 영향의 혈자리를 강하고 짧게 압을 주면 코가 시원해지는 효과와 함께 코가 커지는 효과가 있다.

갈바닉으로 비근 근육을 코벽에 밀착해 이완시키면 코가 매끈해지고 반듯해진다. 이때 흉이 있다면 흉터 깊이가 완화되는 효과가 있다. 어릴 적 생긴 코 흉터는 비근 근육을 이완해 좋아지고 있었다. 지금 코 흉터는 자세히 뚫어지게 봐야 알 수 있는 정도가 되었다.

정명은 눈꼽이 생기는 눈 앞쪽 자리로 눈을 맑고 밝게 다스리는 혈자리다. 비근의 코벽 근육을 이완시키고, 정명의 혈자리를 갈바닉으로 세워 누르면 눈매가 또렷해지고, 코가 깊어진다. 눈앞머리에 비어 있는 공간이 있는데, 이 자리에 정명의 혈자리가 있다. 이 공간에 일정한 압을 주어 누르면 입체감 있는 깊은 코가 될 수 있다. 즉, 정명혈이 있는 곳은 비어 있는 공간을 눌러 입체감을 만들어주는 것이다. 영향혈과 정명혈은 코를 반듯하게 세우는 중요한 혈자리다. 갈바닉으로 눈썹내림근의 근육을 이마 방향으로 올려주면 눈이 깊어지는 효과로 입체감이 생겨 눈과 코가 뚜렷해질 수 있다. 찬죽은 눈썹 앞머리에 있는 자리로 눈가 주름이나 눈 질환에 좋은 혈자리다.

눈썹내림근의 근육은 코벽을 시작으로 눈썹내림근 끝으로 이완시킨다. 이때 찬죽의 혈자리에서 걸리는 단단한 막을 끊어주면 뭉쳐진 눈썹이 풀어지면서 부드러운 이미지가 될 수 있다.

나는 코에 메스를 대지 않는 비수술 기법으로 코가 커지는 효과를 준다. 주요 기술은 코 주변의근육을 이완시키고 일정한 압을 반복해 누르고, 코 혈자리를 짧고 강하게 누르거나 부드럽게 이완시키는 것이다. 이때 걸리는 막을 이완시키며 압을 주면, 코는 달라지고 변한다. 코가 비틀어진 사람들이 흔히 어릴 때 싸우거나 부딪쳐 코가 변형되었다고 이야기한다. 코는 다른 신체와 다르게 그만큼 외부 충격에 따가 달라지고 변화하기 쉬운 신체 부위다. 갈바닉이라는 기계의 일정한 압과 힘으로 근육을 늘리고 혈을 누르면, 코는 가장 빠르게 변화한다. 그래서 근육의 방향과 압을 이용해 혈자리를 누르면 반듯한 코를 만들 수 있다.

코는 얼굴에서 중심이다. 얼굴 중에서 가장 튀어나온 곳이다 보니 눈에 가장 많이 띌 수밖에 없다. 그래서 코는 얼굴에서 차지하는 비중 또한 높다.

성형하지 않았음에도 불구하고 코가 커지고 세워지는 느낌은 나에게는 큰 의미가 있었다. 그렇게도 코를 성형하고 싶었지만 지금은 그런 마음이 전혀 없다. 코로 인한 자신감은 엄청난 에너지를 주었다. 얼굴에 대한 집착은 달라지는 내 모습을 통해 개발 의지에 힘을 실어주었기 때문이다. 더욱 더 예뻐지기를 소망하는 욕구는 여자라면 누구나 한결같다. 그래서 나는 더욱 기술 개발을 게을리하지 않는다.

내가 만든 성형 기법은 필러 주사를 맞아 코를 세우는 것이 아니라, 코 아래에 있는 근육과 혈자리를 이완시켜 풀어주어 내려가게 만든다. 이때 눈과 코가 내려가며 코가 커지게 된다. 코가 아래로 내려가면 코가 위로 솟아올라가게 되어, 크게 보이는 것이다. 코에 있는 불필요한 지방이 분해되면서 코 라인이 명확한 선을 가져, 코 주변 근육이 아래로 내려감으로써 솟아오르게 되어 코가 세워지는 효과와 함께 크게 보이는 것이다. 눈 앞쪽에 있는 정명의 혈자리는 눈뼈가 끝나는 곳으로, 비어 있는 공간이 있다. 이곳에 비어 있는 곳과 연결된 코 선과 눈썹앞머리까지 갈바닉을 세워 강도 조절을 하면 코, 눈 주위에 근육과 혈을 지압함으로써 코 선이 일자로 만들어지며 입체감이 생기는 효과가 있다. 코 선이 일자로 만들어지는 것은 코와 볼이 명확히 구분되어 코가 세워지는 효과와 동시에 커지게 되는 것이다. 명확한 코 선이 생기면 심술보가 완화되어 팔자주름이 펴지는 효과를 얻을 수 있다. 심술보가 완화되면 얼굴은 동안 이미지가 되고, 피부가 뼈에 밀착되어 매끈한 얼굴이 될 수 있다. 코는 압력과 세기 조절로 우리 신체에서 변형을 가져올 수 있는 유일한 신체의 한 부분이다. 그래서 코와 눈과 연결된 눈썹 앞머리를 이완하고 압 조절을 해주면 코에 명확한 선과 입체감을 만들어 세울 수 있는 기술을 나는 보유하고 있다. 피부관리를 받으면서 성형까지 된다는 것을 코가 세워지는 효과로 입증하고 있는 것이다. 우리 몸에 쌓인 근육과 혈을 만지기 때문에 혈액 순환에도 도움이 되어 백 번을 해도 부작용 또한 없는 기술이다.

나는 성형을 하지 않고도 크지도 작지도 않은, 콧대 있는 코가 되었다. 예전에 코가 크기는 큰데, 콧대가 없다는 말에 상처받고 속상했는데, 이제는 내 코를 보고 사람들은 더 이상 아무 말도 하지 않는다. 코에 대한 관심과 집착으로 나는 내 얼굴을 만들었다. 자연스럽고 반듯한 내 코는 나의 자존심이다. 얼굴의 중심인 코가 반듯하게 자리 잡고 있어 자신감이 충만하며 단단해졌다. 어떠한 일을 할 때 자신감을 갖게 되었다. 여자의 자신감과 당당함은 어색하지 않은 반듯한 코에서 비롯된다. 당신도 반듯한 코를 가짐으로써 당당한 자신감도 함께 얻기를 바란다.

자연스러운 이마 볼륨 만들기

　이마는 얼굴 중에서 눈과 코와 함께 사람 인상을 좌우한다. 이마가 너무 넓지 않고 자연스러운 입체감이 있으면 동안으로 보인다. 필러 주사나 보톡스를 맞지 않고도 매끈하고 입체감 있는 자연스러운 이마를 만들 수 있다. 갈바닉으로 이마 근육을 이완시키면 노폐물이 배출되어 자연스러워진다. 특히 눈썹은 일상생활에서 받는 스트레스가 모이고 쌓이는 집합소이다 보니, 스트레스와 화가 쌓이면 미간과 눈썹이 두터워지고 높아진다. 그리고 화난 인상이 된다. 미간과 눈썹에 있는 스트레스와 화를 없애려면, 높고 두터운 눈썹을 내려가게 이완시켜야 한다. 이완한 이마는 매끈해지면서 볼륨감이 나타난다. 한층 얼굴도 부드러운 인상이 될 수 있다.

내 이마는 좁고 볼륨감 없이 일자로 뻗어 있어 밋밋하고 볼륨 없는 남자이마 같았다. 그래서 이마 필러주사를 맞아보라는 권유를 듣곤 했다. 하지만 필러 대신 갈바닉으로 관리를 한 후론, 필러 권유를 받지 않았다. 필러의 위험성과 부작용에 대해 공부했기 때문에 어떠한 권유와 유혹에 빠지지 않았다.

필러는 평생 하고 싶지 않는 시술이다. 차라리 메스를 대는 성형수술이 더 안전하다고 본다. 필러를 맞는 순간 평생 내 피부에 혹처럼 달고 살아야한다.

시간이 지나면 필러는 굳어진다. 굳어진 필러를 쉽게 빼지 못하고 이러지도 저러지도 못하는 상황에 막닥뜨리며 속수무책이 될 수 있다. 필러 주사 부작용으로 나타나는 얼굴 변화를 나는 고객을 통해 직접 확인하곤 한다. 10년 전에 주입한 필러도 없어지지 않고 뼈 위에 단단하게 자리잡고 있음을 알 수 있다. 언제 필러를 했냐고 고객에게 물어보면 생각나지 않는다고 다들 말하지만, 갈바닉으로 필러의 위치를 파악할 수 있다.

30대 초반의 직장 여성이 숍을 찾았다. 그녀는 동그란 얼굴에 광대가 조금 크고, 이마가 좁고 볼륨이 없는 밋밋한 이마를 가졌는데, 내 이마와 매우 흡사했다. 그래서 그 마음을 알기에 예쁘게 해주고 싶었다. 그녀는 고민을 이야기했다.

"제가 출산한 지 얼마 되지 않았어요. 다음 달에 회사에 복귀해야 해요. 이마가 밋밋해 인상이 강해 보일 때가 있는데, 약간 볼륨이 있었으면 좋겠어요."

"고객님이 동그랗고 귀여운 얼굴이라 옆 광대만 조금 줄이고 눈썹과 미간을 내리면 지금보다 부드러운 이마가 될 수 있어요."

나는 그녀의 얼굴 상태를 정확히 조언했고, 그녀는 갈바닉 전체 성형관리를 선택했다. 출산으로 인해 몸의 순환이 잘되지 않아 관리를 받고 나면 그녀는 얼굴이 많이 부었다.

"얼굴에 붓기는 있지만 몸과 얼굴이 시원하고 가벼워요. 얼굴에 얹혀 있던 무거운 것이 없어진 느낌이에요. 컨디션이 좋아졌어요."

그녀는 방문할 때마다 얼굴이 조금씩 달라지기 시작했다. 특히 좁고 밋밋한 이마가 입체감이 생기기 시작했고, 눈썹과 미간이 내려가 이마도 부드러운 이미지로 변했다.

"저를 보고 살이 빠졌다, 얼굴이 정리됐다, 뭔가 달라졌다며 보는 사람마다 시술을 했냐고 물어요. 그래서 기분이 너무 좋아요!"

"고객님은 갈바닉이 잘 받는 얼굴이에요. 관리할 때마다 달라지는 것이 보이거든요. 특히, 이마에 자연스러운 볼륨이 나타나 여성스러워졌어요. 당분간은 꾸준히 오세요."

그녀는 일과 육아를 병행하느라 힘들어했다. 힘들고 지친 마음을 피부관리를 통해 힐링받는다고 했다. 나 역시 살림을 해가며 일하는 마음을 충분히 이해할 수 있었다. 그래서 피부관리를 할 때 모든 고객에게 최선을 다해 정성을 쏟아 붓는다.

이마 근육을 이완할 때는 머리 덮개 근육과 눈 근육, 눈썹 근육이 중심이 된다. 머리 덮개 근육으로는 이마근(전두근), 뒤통수근(후두근)이 있다. 머리덮개널힘줄(모상건막)은 이마근, 뒤통수근과 얇은 힘줄로 연결되어 있다. 이마근과 뒤통수근은 이마 길이에 영향을 주기도 한다. 이마근이 수축하게 되면 이마가 좁아 보이게 되어 이마가 짧게 보이기도 한다. 넓은 이마를 좁게 하는 것은 힘들다. 하지만 좁은 이마를 갈바닉으로 눈썹 근육을 중심으로 정수리 쪽으로 이완시키면 이마가 넓어지고 봉곳하게 볼륨을 가질 수 있다. 밋밋한 이마는 강한 인상을 주며 속이 좁아 보일 수 있다. 그래서 약간이라도 볼륨이 있어야 부드러운 이미지를 줄 수 있다. 얼굴 주름 근막을 제거하는 순서로 턱, 입, 코를 하고 난 후, 마지막 순서로 이마의 근육을 이완시킨다. 방향은 정수리 쪽으로 당겨 처지지 않게, 이마를 위쪽으로 끌어당기기로 마무리한다.

자연스러운 이마 볼륨을 만들기 위해서는 두가지 방법의 기술이 있다. 첫 번째, 눈썹이 튀어나와 두툼한 경우, 눈 근육인 눈썹주름근(추미근)과 코 근육인 눈살근(비근근)를 이용한다. 갈바닉으로 넓은 근육인 이마근을 중심으로 넓게 이완시키고, 비근근을 짧게 집중해서 이완시키면 미간이 내려간다. 미간 주름이 있을 때는 비근근을 근육의 반대 방향으로 집중하면 미간에 생긴 표정 주름이 없어진다. 미간이 내려가면 얼굴이 전체적으로 부드러운 이미지가 된다.

이때, 추미근 눈썹에 쌓인 노폐물을 배출하고 집중해 이완시키면 미간과 함께 눈썹이 내려간다. 눈썹이 내려가면 숨어 있던 이마가 드러나기 시작한다. 두툼한 미간과 눈썹 때문에 이마가 낮아져 밋밋하게 보였기 때문이다. 특히, 추미근를 이완할 때 눈썹 끝에 있는 사죽공혈에 걸리는 막을 풀어주면 눈썹이 더욱 매끈해진다. 사죽공은 눈썹 바깥쪽에 위치하고, 눈병을 다스리는 혈자리다.

두 번째, 이마근의 평평한 이마를 크게 이완시키면 이마의 넓은 부분에 볼륨이 생긴다. 이마에 위치한 혈자리로는 신정, 미충, 곡차, 두임읍, 본신, 두유, 양백, 사죽공이 있다. 머리카락 경계선 0.5촌(약 1.5cm) 올라간 곳에 이마 한 가운데 있는 신정을 중심으로 미충, 곡차, 두임읍, 본신, 두유의 혈자리가 머리카락 경계선에 따라 차례대로 연결되어 있다. 그곳을 갈바닉으로 이완시키면 된다. 갈바닉으로 눈썹에서 시작해 머리카락 경계선 이상까지 정수리 방향으로 근육을 이완시키면 봉긋한 이마가 만들어진다. 이때 양백의 혈자리를 누르면 이마 중간에 볼륨감이 더욱 뚜렷해 질 수 있다. 양백은 눈동자 위쪽 이마 중간에 있는 혈자리로 눈을 밝게 해준다. 눈썹과 미간 주름이 펴지며 아래로 내려가면 평평한 이마에 볼륨감이 드러나게 되는 것이다.

40대 초반의 전업주부인 고객이 방문했다. 예전에 방문했던 고객으로 얼굴이 무너진다는 느낌이 들면 방문하곤 한다. 그녀는 얼굴도 작고 얼굴선도 예뻤다. 하지만 인상을 쓰는 습관으로 미간에 깊은 주름이 있었다. 약간 아프거나, 화나거나, 힘을 쓸 때, 얼굴 미간에 모든 힘을 주는 습관으로 생긴 미간 주름으로 인해 눈썹이 두툼해지고 이마가 내려가 밋밋하게 보였다. 제일 먼저 그녀의 미간과 눈썹을 내려야 한다.

그녀의 코 근육인 비근근을 근육 반대 방향으로 이완시켜 미간 주름을 펴지게 했다. 눈썹 근육인 추미근을 눈썹 모양으로 풀어주면 눈썹이 내려가는 효과가 있다. 이렇게 미간과 눈썹을 내리면 숨어 있던 이마가 드러난다. 이때 이마근의 넓은 근육을 이완시키면 이마 중간에 볼륨이 만들어진다. 그녀의 이마는 봉긋하게 드러나 어색함 없이 자연스러운 이마가 될 수 있었다.

얼굴 중에서 미간에 주름이 가장 많이 생긴다. 미간에 있는 주름을 펴려면 비근근 근육을 근육 반대 방향으로 이완시키면 된다. 미간에 주름이 있으면 화난 사람처럼 보인다. 사람이 화가 나면 인상을 쓰고, 미간에 저절로 힘이 들어간다. 인체 구조상 화가 나고 쌓이면 그 화가 미간 주름으로 나타난다. 사람의 화, 스트레스가 눈썹에 모여 쌓이기 때문이다. 이마를 관리하기 전에 미간에 있는 주름을 먼저 없애야 한다. 미간 주름은 얼굴 노화의 주범으로 얼굴에서 가장 큰 인상주름으로 없애야 한다. 미간 주름은 화가 모여 표정 주름의 근육이 발달되어 주름이라는 골이 형성되어 만들어진 것이다. 화가 나거나 표정 주름이 생기는 습관으로 인상 쓰는 버릇을 버려야 한다. 미간 주름이 없어져야 매끈하고 자연스러운 이마가 될 수 있기 때문이다.

자신도 모르게 인상를 쓴다면, 양쪽 눈썹을 들어 올리는 동작을 해야 한다. 인상 주름을 예방하려면 인상 주름이 생기기 전, 바로 눈썹을 위로 올리는 동작을 반드시 해야 된다. 이마는 얼굴에서 눈, 코와 함께 사람의 인상을 좌우하고, 얼굴에서 항상 드러나기 때문에 당당하게 보여줘야 한다. 그래서 이마는 매끈하고 자연스러운 볼륨이 있어야 한다. 어색함 없이 눈썹을 내려 숨어 있는 내 이마를 드러나게 해야 한다. 이마 뼈는 혈액을 만드는 기능이 있기 때문에 이마와 헤어라인 근육을 이완시키면 편두통이나 두통에도 도움이 된다.

나는 이마 근육을 이완시키는 기술을 개발했다. 근육의 방향과 혈자리를 이용해 갈바닉 기술로 이완시키고 혈을 누르면 자연스러운 변화를 가져올 수 있다. 눈썹과 미간이 내려가 매끈해지고 자연스러운 이마 볼륨이 만들어지게 된다. 당신도 매끈한 눈썹과 자연스러운 볼륨이 있는 이마를 만들기 바란다.

인상을 바꾸는 이목구비 만들기

이목구비는 귀(耳), 눈(目), 입(口), 코(鼻)를 뜻하는 한자로 사람 얼굴의 생김새 전반을 가리키는 말이다. 이목구비가 선명하고, 뚜렷하면 균형 잡힌 얼굴로 부드러운 인상을 준다. 보통 사람들은 외모에 민감하고 신경을 쓴다. 잘생긴 사람에게는 호감이 가고 친분을 맺고 싶어 한다. 외모를 무시할 수 없는 게 현실이다. 동서양을 막론하고 아름다운 외모에 대한 집착과 관심은 어느 시대에나 있었고, 그것은 앞으로도 계속될 것이다.

58세 여성으로 학생을 가르치는 선생님이 동료 선생님의 소개로 숍을 찾아왔다. 인성이 좋고, 상대방에게 대한 배려심과 이해심 깊은 분이었다. 그녀는 속상한 듯 얼굴에 대한 고민을 털어놓았다.

"젊은 시절, 친구를 따라갔다가 볼에 필러를 맞았어요. 생각도 하지 않았는데, 친구가 성형 수술을 예약해서 따라갔는데, 내게 서비스로 필러 주사를 권유하길래 맞았어요. 그 후로 볼에 넣은 필러 때문에 얼굴이 커지는 것 같아 속상해요. 볼에 필러를 맞으면 광대가 작아질 거라고 생각했는데, 볼과 광대가 같이 커져 얼굴이 더 커졌어요. 그리고 인상이 강해 보여요. 돌출된 옆 광대 때문에 고집 센 인상이 되었어요. 필러를 맞은 것을 후회하고 있어요. 원장님이 보기에 제 얼굴이 어떤가요?"

"고객님 얼굴은 필러가 아니어도 표정 근육이 발달해 광대가 커지는 얼굴이에요. 다른 부위는 근육이 빠지며 그 자리에 지방이 대신하고, 중력의 힘에 의해 처지게 되요. 그래서 볼이 처지게 되는 거죠! 볼에 맞은 필러와 함께 광대는 커지면서 동시에 처져요. 하지만 불필요한 지방과 노폐물을 배출하면 커지고 처지는 볼과 광대를 완화시킬 수 있어요! 제가 얼굴의 주름 근막 제거에 있어서는 전문가입니다. 걱정하지 마세요."

나는 갈바닉으로 그녀의 광대를 집중 관리했다. 유독 앞 광대, 옆 광대가 커지는 얼굴이었다. 광대를 내리면 이목구비가 뚜렷한 얼굴이었다. 옆 광대를 내려 얼굴 폭을 줄이자, 좁아진 얼굴에 눈, 코, 입이 오목조목 안정감 있게 정리되었다. 눈 밑에 있는 지방을 부드럽게 이완시키고, 코와 볼을 분리해 확실한 코 선을 만들고 심술보를 아래로 내려 처지는 것을 완화시켰다. 관리를 받은 후, 그녀는 얼굴이 정리되어 예뻐졌다는 이야기를 듣는다고 했다. 제일 중요한 사실은 그녀의 인상이 달라졌다는 것이다. 강해 보이고 고집 센 이미지의 얼굴이 부드러운 이미지로 탈바꿈했다. 인상이 부드럽게 바뀌고 그녀의 인자한 인성은 더욱 빛이 났다.

관리를 받고 있던 시기에 그녀는 아들의 결혼식이 있어, 꾸준히 혼주관리를 받았다. 갈바닉 전체 성형관리는 이틀 후에 가장 큰 효과가 있다. 그래서 결혼식 이틀 전에 방문해서 관리를 받았고, 아들 결혼식 당일, 친척과 주위 지인들로부터 인상이 좋아졌다는 이야기를 많이 들었다고 했다. 결혼식 날 찍은 사진을 보니 그녀의 얼굴은 기품 있고 자연스러웠다. 그녀는 결혼식 날 좋은 평가를 받은 것에 만족스러워 했다. 이듬해 그녀의 딸도 결혼식이 있어, 또 다시 관리를 받았고, 딸 결혼식 날에도 사람들에게 얼굴이 예쁘게 정리되고, 인상이 좋다는 이야기를 많이 들었다고 했다. 그녀는 이후 행사가 있을 때마다 우리 숍을 방문해 피부관리를 받는다.

'얼굴이 정리되었다'는 것은 눈, 코, 입이 뼈에 잘 붙어 있다는 뜻이다. 들뜸 없이 이목구비가 뼈에 딱 붙어 있다는 것이다. 나이를 먹을수록 얼굴에 지방이 많이 생기는데, 이것은 얼굴에 근육이 없어지고 있다는 증거다. 근육이 빠진 자리에 지방이 생기고, 힘이 없어진 지방이 아래로 처진다. 하지만 주름은 그 반대다. 얼굴에서 잘못된 습관에 의해 근육이 크게 발달하고, 골이 만들어진다. 그

골이 막을 형성해 주름이 생성된다.

특히, 입술의 경우가 근육이 발달해 주름이 많다. 입술 잔주름과 입꼬리에서 턱으로 향하는 세로 방향의 흔적으로 생기는 불독주름이 가장 흔하다. 이렇게 생긴 주름을 갈바닉으로 근육과 막을 이완시켜 피부가 뼈에 잘 붙도록 유도한다. 하지만 필러가 뼈 위에 굳어 있으면 피부는 뼈에 붙지 못해 떠 있게 된다. 떠 있는 것은 당연히 아래로 처진다. 즉, 필러를 주입한 곳의 피부는 뼈에 붙지 않고, 붕 떠있어 처진다는 말이다. 정리되지 않고 부풀어 떠 있는 상태가 오래되면 피부는 처지기 시작한다. 이런 얼굴은 어색하게 느껴져 좋은 인상을 줄 수 없다. 이목구비에서 자연스럽게 나오는 자신만의 분위기를 잃지 않기를 바란다.

팔자주름에 필러 주사를 맞아 오래되면 심술보가 심해져 팔자는 더 깊어지고 처지기 십상이다. 심술보가 처지기 시작하면 노화가 시작된 것이다. 심술보는 생기기 전에 예방하는 게 최선이다. 나는 이런 점에서 타 피부숍에서는 따라 하지 못하는 주름 근막 제거를 할 수 있는 기술이 있다. 심술보가 생기면 입술의 주름도 같이 심해진다. 심술보와 불독주름이 연결되어 동시에 처지게 된다. 그래서 여러 번 말했지만, 나는 고객에게 필러를 절대 하지 말라고 한다. 필러는 잠깐 빵빵해 보이는 효과가 있지만, 시간이 지나면 울퉁불퉁 아래로 급격히 처진다. 필러는 노화의 지름길이다. 필러를 하지 않은 얼굴은 빠르게 정리해 반듯해질 수 있다. 얼굴이 정리되면 이목구비가 뚜렷해진다. 왜냐하면 피부가 뼈에 잘 붙을 수 있는 상태가 되기 때문이다.

　유명한 여자 연예인 K의 경우, 나이는 들었지만 약간의 눈가 주름과 눈빛에서 흘러 나오는 느낌으로 인상이 아름다운 배우였다. 뛰어난 외모와 함께 인성 또한 좋은 배우였다. 대학 시절, 내가 다니던 대학에 드라마 촬영차 K 배우가 방문했다. 당시 그녀는 외모만큼이나 그녀만이 지닌 분위기와 느낌이 너무 아름다웠다. 25년이 지나도록 그녀의 분위기는 내 머리에 각인되어 있을 만큼 아름다웠다.

　하지만 그 배우는 몇 년 전 쌍꺼풀 수술과 상안검 수술을 했다. 그 후, 그녀의 얼굴에서 예전의 분위기와 느낌을 볼 수 없다. 눈빛은 아예 다른 사람이 되었다. 젊어지고 싶어 한 수술이겠지만 인상이 달라져 다른 사람이 되었다. 자기만의 분위기를 없애면서까지 눈 성형이 필요했나 하는 안타까운 생각이 들었다. 정말 하고 싶었다면 두 종류의 성형을 동시에 하지 말고 하나씩 하면서 피부와 얼굴 상태를 확인해야 한다. 하나의 성형을 하고 시간이 지나 상처가 회복되고 근육과 피부가 어떻게 되었는지 확인한 다음, 6개월 정도는 지나 다른 성형을 계획해야 한다. 나는 그녀의 눈빛에서 흘러나오는 분위기를 다시 볼 수 없다는 사실에 안타까웠다. 내가 그녀라면 시간을 되돌리고 싶을 것이다. 그녀의 아름다운 분위기와 느낌을 늙어서까지 볼 수 없어 아쉽다.

우리는 모두 노화된다. 늙어가는 자신의 모습을 받아들이려면 자기 자신을 사랑해야 한다. 노화된 얼굴의 해결책을 성형에서 찾기 전에, 무엇이 중요한지 판단하는 기준을 키울 수 있는 힘을 가져야 한다. 그리고 꾸준하게 운동하고 자기관리를 해야 한다. 아름다운 노후를 맞이할 수 있는 힘을 만들어야 한다. 어떠한 상황에서도 흔들림 없는 기준을 갖고 명확한 판단을 할 수 있어야 한다. 그래야 나이에서 배어나오는 여유와 자연스러운 주름으로 좋은 인상이 되기 때문이다.

사람마다 지닌 각자의 분위기와 느낌은 성형으로 얻을 수 없는 값진 보석과도 같다. 사람의 인상에서는 향기가 난다. 그것이 분위기와 느낌이다. 향기 없는 얼굴에서 좋은 인상을 느낄 수 없다. 우리는 그것을 모르고 살고 있다. 사람의 얼굴마다 각기 다른 향기를 가지고 있다. 좋은 향기는 좋은 인상으로 각인된다.

사람이 지닌 느낌과 분위기는 이목구비에서도 엿볼 수 있다. 대부분은 그냥 눈, 코, 입이 예쁘기만을 바란다. 얼굴은 0.1mm만 바뀌어도 인상이 달라진다. 무리한 성형은 예쁘지도 못나지도 않은 어색한 상태가 되어버린다. 어색함은 가장 무서운 말이다. 그래서 얼굴 성형을 생각한다면 신중해야 한다. 혹시 내 얼굴에서 남들에게 없는 개성 있는 분위기가 있는지 발견하고, 그것을 해치지 않는

선에서 수술을 생각해야 한다. 이제는 특별하게 생각되지 않을 만큼 성형 수술이 유행한다. 나의 생각과 기준이 없으면 휘둘려 잘못된 선택을 할 수 있다. 얼굴은 평생 가지고 갈 명함과도 같다. 개성 있고 분위기 있는 얼굴은 예쁜 얼굴로 나타난다. 그리고 그 사람의 생각과 생활습관도 얼굴에서 나타나 좋은 인상을 남긴다. 이목구비에서는 자신만의 향기가 나야 된다. 이것이 좋은 인상과 개성이 된다. 누구도 가지지 못하는 자신만의 이목구비를 사랑해야 한다.

이목구비가 뚜렷하다는 것은 예쁜 얼굴을 한마디로 표현하는 말이기도 하다. 귀, 눈, 입, 코를 중심으로 비율이 맞고 조화가 잘된 얼굴을 예쁘다고 한다. 반듯한 목, 탄력 있는 V라인, 예쁜 입술, 반듯한 코, 봉곳한 광대, 크고 선명한 눈, 자연스러운 이마 등 우리 모두가 바라는 예쁜 얼굴도 중요하지만 자신만이 가지고 있는 느낌과 분위기가 좋은 인상을 나타낼 수 있도록 노력해야 한다. 자신 얼굴에 맞는 이목구비는 좋은 인상이 된다. 얼굴 어느 부위가 돌출된 곳이 없어야 하고, 얼굴에서 튀어나온 부분인 이마, 코, 양볼에서 빛이 나야 한다. 그래야 좋은 인상을 주게 되며, 좋은 일이 많이 생긴다. 좋은 인상은 바른 생활과 습관, 긍정적인 생각과 행동으로 만들어진다.

강남에서 유행하는 수술을 받으면 자기만의 분위기와 느낌이 없는, 기계로 찍어낸 인위적인 얼굴이 될 수 있다. 향기 없는 얼굴이다. 예쁘지만 분위기와 느낌이 없는 얼굴이다. 그 사람만이 지닌 독특한 분위기와 개성을 얼굴의 강점으로 살려야 된다. 자신만의 인상을 만들어야 한다. 정리된 얼굴이란 뼈에 이목구비와 피부가 잘 붙어 있는 상태를 말한다. 정리된 이목구비에 자신만이 가지고 있는 느낌과 분위기가 잘 나타난다면 최고의 인상이 될 수 있다. 자신만의 느낌과 분위기를 나타내기 위해 나는 지금 어떤 인상을 가지고 있는지 곰곰이 확인하길 바란다.

- 4장 -

나는 당신이 예쁜 피부를
가졌으면 좋겠습니다

운동, 선택이 아니라 필수다

2021년, 코로나가 한창이던 그때 사회적 거리단계는 4단계였다. 누구라도 코로나에 걸리면 그 사람의 행적과 동선이 노출되는 시기였다. 코로나에 걸리면 마치 죄인이 된 듯했다. 6월 말에 숍에서 쉬다가 깜빡 잠이 들었는데, 꿈에서 화가 난 복어가 가시를 세우고 배가 터질 듯했다. 복어가 꿈 화면에 가득 찼다. 잠에서 깬 나는 이상한 기분이 들어 인터넷에서 꿈 해몽을 검색했다. 안 좋은 일이 일어날 수 있으니 조심하라는 내용의 흉몽이었다. 나는 예지몽을 한 번씩 꾸기 때문에 꿈자리에 신경을 쓰는 편이다. 조심해야겠다는 생각을 했다.

2021년 7월 4일, 다른 날과 다름없이 10시에 퇴근해서 집으로 왔다. 갑자기 남편이 고열에 기침을 끊임없이 했다. 불안한 기분이 들어 코로나 자가키트로 검사를 했다. 설마설마했던 불안한 생각이 현실이 되었다. 큰아들은 군대에 가 있어서 다행히 집에 없었지만 작은아들은 미술을 하는 재수생이었다. 남편, 작은아들, 나는 자가키트 검사를 했고, 결과는 양성이었다. 하늘이 무너지는 것 같았다. 나는 고객과 밀접한 접촉이 많은 피부숍을 운영하고 있었고, 작은아들은 대학입시라는 중요한 시기에 있었다. 그래서 코로나에 걸릴까 봐 나는 아무도 만나지도 않고 일만 하고 지냈던 시기였다.

대학병원의 검사 결과 우리 가족 3명 모두 코로나 확진이었다. 순간 우리는 범죄자가 된 듯했다. 나를 만났던 사람, 내가 갔던 곳, 신용카드 내역, 집과 피부숍 등 확진된 날로부터 2일 전의 모든 행적을 알리고, 조사를 받았으며 소독까지 했다. 남편이 회사 사람에게 감염됐던 것인데, 나는 코로나에 걸렸다는 사실이 두려웠다. 나와 접촉한 사람들에게 피해를 준 것 같아 죄인처럼 느껴졌고, 미안한 마음에 괴로웠다. 특히, 작은아들은 재수생으로 입시를 두고 있어 실기가 많았던 시기였다. 아들의 코로나 확진으로 미술학원과 재수학원 수험생 수백 명 이상이 자가격리를 하게 되었고, 아들은 심적 부담감에 예민했고, 무척 힘들어했다.

남편, 작은아들, 나는 앰뷸런스를 타고 이천 생활치료소로 이송되었다. 생활치료소로 들어가기 전에 폐 사진을 찍고 들어갔다. 남편은 줄곧 심하게 기침을 하고 있었다. 남편은 폐렴 증세로 의정부 의료원으로 이송된다고 했다. 남편이 걱정되었다. 나도 고열과 산소포화도가 낮아 의정부 의료원으로 이송되었다. 앰뷸런스를 타고 가는 동안 몸이 아프고 괴로웠다. 평생에 한 번도 타기 힘든 앰뷸런스를 1시간 이상 타고 이동했다. 역방향으로 누운 자세로 앰뷸런스의 반복되는 소리를 들으며 이동하다 보니 속이 좋지 않아 힘들었다.

작은아들만 생활치료소에 남게 되었다. 다행히 아들은 증세가 심하지 않았지만, 남편의 증세가 심했다. 남편은 렘데시비르(길리어드 사이언스가 개발한 코로나19 치료제)로 치료를 받고 난후, 손끝, 발끝에 나타난 청색증(혈액 내 환원 헤모글로빈의 증가나 헤모글로빈 자체의 구조적 장애로 피부나 점막에 푸른색이 나타나는 증상)으로 상급병원으로 이송해야 된다고 의료진에게서 전화가 왔다. 나도 중증 증세로 렘데시비르 치료를 받고 있었다. 남편은 일산병원으로 이송되어 중환자실에서 10일 넘게 있었다. 남편은 괜찮다고 나를 안심시켰지만 불안했다. 서로가 병원에 있었던 터라 챙겨줄 수가 없었다. 전화 통화만 가능하고, 서로 볼 수 없는 상황에 답답함을 느꼈다.

아들은 생활치료소를 퇴소하고 집으로 왔고, 나도 22일 만에 퇴원할 수 있었다. 폐가 오그라드는 느낌은 계속되었다. 나는 평소에 운동도 많이 했기 때문에 건강에 자신 있었지만 코로나는 상상을 뛰어넘을 만큼 지독했다. 델타 변이는 폐에까지 손상을 줬기 때문에 회복이 힘들었다. 그냥 숨을 쉬면 잘 쉬어지지 않고 깊게 들이마셔야 숨을 쉴 수 있었다. 퇴원하고도 회복이 되지 않아 집에서 20

일 이상 쉬었다. 나는 퇴원하고 동네 산책로를 계속 걸었다. 오그라드는 폐를 펴기 위해 유산소 운동으로 폐활량을 높여야 했다. 무리한 운동은 할 수 없었다. 남편은 아직 퇴원하지 않아 하루하루 지날수록 마음이 무거웠다.

코로나에 걸린 사실이 속상했다. 일을 쉬는 동안 남편을 원망했다. 내가 하는 일이 잘못될까 봐 두려웠다. 고객들에게 코로나 확진이라는 문자를 보내자 역시나 환불과 취소를 요구하는 고개도 있었다. 머리로는 이해를 했지만 그 상황이 속상했다. 고객이 끊어질까 봐 마음이 불안했다. 평소 나는 코로나 감염이 염려되어 아무도 만나지 않았지만, 남편은 "코로나가 그렇게 쉽게 걸리지 않는다!"고 큰소리쳤다. 남편은 조심하지 않고 사람을 만났기 때문에 더 원망스러운 마음이 들었다. 나도 조심한다고 코로나에 걸리지 않는 게 아니라는 것을 알았지만, 원망스러운 마음은 어쩔 수 없었다. 당시 남편은 한 달 뒤에 코로나 백신 접종 예약이 되어 있었다. '백신주사를 맞았더라면 남편의 증세가 이렇게 심하지는 않았을 텐데' 하는 마음이 들어 속상했다.

남편은 한 달이 지나도록 병원에 있었다. 남편에게 속상한 내 마음을 쏟아냈다. 열심히 기술을 개발해 숍을 오픈하자마자 코로나와 막닥뜨렸기 때문에 누구보다도 조심했다. 그래서 더욱 속상한 마음을 남편에게 말하며 펑펑 울었다. 남편은 미안하다는 말을 남기고 전화를 끊었다. 그런데 통화했던 전날부터 남편은 손과 다리가 저리고 힘이 빠진다고 했었다. 통화 후 다음 날, 병원에서 급하게 전화가 왔다. 남편이 전날 밤에 의사에게 증상을 이야기하고 뇌척수액을 뽑아서 검사를 했다고 했다. 의사는 남편이 '길랭-바레증후군(Guillain-Barre syndrome, 눈과 입술 등 얼굴 근육이 쇠약해지거나 마비되는 증상)'으로 마비 증상이 앞으로 심해져서 어떻게 될지 모른다고 했다. 경과는 수년 동안 걸릴 수도 있어 지켜보는 수밖에 없다고 했다.

나는 기가 막혀 할 말이 없었다. 멀쩡한 사람이 순식간에 중증 환자가 되어버렸기 때문이다. 어젯밤 남편에게 화낸 것이 마음에 걸렸다. 아픈 사람에게 넋두리를 쏟아낸 자신에게 화가 났다. 그리고 남편에게 미안한 마음에 당장이라도 남편에게 가고 싶었지만 갈 수 없어 더욱 답답했고 속상했다. 내 인생이 무너지는 느낌이었다. 남편은 내 인생의 전부였다. 괴롭고 힘든 마음에 가슴이 찢어지는 듯했다. 내가 쌓아둔 모든 것들이 무너질까 두려웠다. 나쁜 일들이 계속 일어나 감당하기가 힘겨웠다. 남편의 빈자리는 너무 크게 느껴졌다. 공기처럼 항상 내 곁에 있었기 때문에 중요함을 잊고 살았다. 나는 혼자가 된 기분이었다. 불안한 마음을 어떻게 할 수가 없었다. 어린아이가 엄마를 잃은 느낌이었다. 나는 평소 독립적인 성격이었지만 남편이 든든하게 내 곁에 있어 내가 편하게 어떤 일이든 할 수 있었던 것이었다. 남편이 아프고 난 후 남편의 고마움을 자각할 수 있었다. 그래서 남편의 병이 빨리 호전되기를 간절하게 바랐다. 하루 종일 남편 생각으로 아무것도 손에 잡히지 않았지만, 남편과 내가 이 상황을 이겨낼 수밖에 없었다.

남편은 코로나에 감염되어 폐렴, 청색증, 폐섬유화, 길랭-바레증후군을 얻었다. 특히 길랭-바레증후군은 마비가 빠르게 진행되어 혼자서 움직일 수 없었다. 가슴까지 마비가 왔고 얼굴도 이상하고 손끝도 마비가 온 상태였다. 너무 무서웠다. 재활운동을 하는 남편은 걸음마 수준으로 계단을 올라갈 수 없는 지경에 이르렀다. 나는 나쁜 꿈을 꾸고 있는 것 같았다. 날벼락을 맞은 기분이었다. 왜 나에게 이런 일이 일어나는지 원망스러웠다. 하루가 일 년 같았다. 매일 밤마다 눈물을 참고, 손에 묵주를 꼭 쥐고 기도하며 잠이 들곤 했다.

남편이 길랭-바레증후군이 오기 전에 나는 속상한 마음에 운전을 하며 울며 소리쳤다.

"그래, 올 테면 오라지! 나는 어떤 어려움이 와도 다 이겨낼 거다!"

하지만 남편의 병을 알게 되었을 때 내가 한 말을 후회했다. 코로나에 걸린 남편에게 화를 내지 말고 참을 걸, 어려움이 닥쳐도 이겨낸다고 큰소리치지 말 걸 하며 내 자신이 원망스러웠다. 특히, 친정부모님과 시부모님이 많이 걱정하셨다. 괜히 어른들까지 몸이 나빠지실까 걱정되었다. 다행히 어른들은 이 상황에 당황하셨지만,

크게 내색하지 않으셨다.

　누구나 언제라도 어려운 일을 겪을 수 있다. 어려움이 닥쳤을 때, 위로라고 한 말들이 상대에게 비수로 꽂히고 상처가 되기도 한다. 그런 경험이 많았던 나는 사람에 대한 실망 또한 컸다. 막상 어려운 상황에 닥치자 주변 사람들에 대한 마음의 정리가 되었다. 인간관계의 옥석이 분명하게 구분되었다. 힘든 상황에서 상대에게 해서는 안 될 말과 행동이 무엇인지 분명히 알게 되었다. 그래서 나는 그렇게 행동하지 말아야지 하는 나름의 지침이 생겼다. 그래서 혹시라도 고객이나 지인들이 코로나에 걸리면 밥은 잘 먹는지, 염려하는 마음을 담아 먹을거리를 카톡으로 보내곤 한다.

　작은 아들에게는 아빠가 아프다는 사실을 숨겼다. 아들은 학원에 가지 않고 방에서 나오지도 않고 괴로워했다. 자기 때문에 다른 학생들이 피해를 입은 상황을 힘들어 했다. 다들 이해할 거라고 했지만 아들은 내 말을 듣지 않았다. 입시를 앞둔 중요한 시기라고 이해시켰지만 아들은 남편과 나를 원망했다. 나는 "아들아 미안하다. 너한테 해가 된 거 같아 미안해. 이해해줘. 우리 아들, 마음 추스르고 학원에 가서 열심히 하자. 일단 한 번만 학원에 가보자"라고 애원하듯 말했다. 남편은 병원에서 병과 씨름하고, 아들은 학원에 가지 않고 방에서 엎드려 울고만 있었다. 이 상황을 빨리 극복하고 싶었다. 그 누구도 위로가 되지 않았다. 남편과 나는 하나가 되어 이겨내자고 서로 격려하고 위로했다. 남편의 목소리를 들으면 안심이 되었다. 그래서 나는 밤낮으로 2시간 간격으로 전화해 남편의 목소리를 들어야 다른 일을 할 수 있었다.

정신을 바짝 차려야 했다. 여기까지 오기 위해 힘든 시간을 버텨왔고, 이제 사람같이 살기 시작했는데, 여기서 무너지면 안 된다고 생각했다. 잘 이겨내야 된다고 내 자신에게 힘줘서 이야기했다. '조금만 참자. 나는 이겨낼 수 있다!'라고 하루에 수십 번 생각했다. 그래도 너무 힘들었다. 주위 사람들에게는 절대 티내지 않았다. 평상시처럼 생활하고 아들에게도 똑같이 대했다. 하지만 밤에 혼자 방에 있을 때는 미친 듯이 소리내어 펑펑 울었다. 혼자 이 상황을 이겨내기가 힘들었지만 우리 가족을 지키기 위해 참고, 또 이겨내야만 했다.

어느 날, 답답한 마음에 혼자 무조건 걸었다. 그런데 갑자기 비가 오기 시작했다. 나는 억수같이 내리는 비를 그냥 맞았다. 그리고 소리쳤다.

"하나님, 저 너무 힘들어요. 제발 내 남편을 살려주세요. 내 남아 있는 생명을 드릴게요. 내 수명 반을 가져가세요. 대신 남편만 제발 살려주세요!"

비를 맞으면서 펑펑 울며 소리쳤다. 눈물과 비가 섞여 내 얼굴은 엉망이 되었다. 그렇게 펑펑 울고 나니 속은 후련했다. 나는 펑소 사람 앞에서 울지 않는 성격이었다. 그래서 남편의 이야기가 나오면 오열할 것 같아 아무 일 없다는 듯 평소처럼 행동했다. 하지만 하루 종일 남편 생각만 하면서 참고 있다가 늦은 시간 혼자 방에 있을 때 마구 울었다. 항상 나에게 잔소리를 하던 남편 생각이 들어 더욱 그리웠다.

남편은 길랭-바레증후군에 좋은 면역 주사를 맞고 호전되다가 또 다시 나빠져 꼼짝하지 못했다. 예측할 수 없는 무서운 병이었다. 도무지 앞을 알 수 없었다. 짧으면 6개월, 길면 2년 이상 마비가 지속될 수 있는데, 빨리 회복할수록 후유증이 적다고 했다. 의사의 말을 듣고, 힘이 빠졌다. 의사는 절대 좋은 이야기를 하지 않기 때문이다. 의사는 자신들이 할 수 있는 치료가 없다며 퇴원을 요구했다. 하지만 코로나에 걸리고 3주가 지나야 다른 병원에 입원할 수 있었기 때문에 다른 병원에서 입원을 거부당했다. 마음대로 입원도 할 수 없었다. 코로나 확진은 꼬리처럼 따라다녔다.

이종사촌 오빠가 안산 고려대병원에서 의사로 일하고 있었다. 마지막으로 본 게 스무 살 때라 연락하는 것이 쉽지 않았지만, 이것저것 따질 때가 아니었다. 사촌오빠에게 부탁해 남편을 안산 고려대병원에 입원시킬 수 있었다. 그런데 입원하기 전에 하루는 집에 와야 하는 상황이었다. 남편이 잘 걷지 못했기 때문에 걱정되었다. 아들에게도 아픈 사실을 숨겨야 했고, 우리 집은 엘리베이터가 없어 계단을 오르는 것이 고민이었다. 남편은 우산을 지팡이 삼아 겨우겨우 걸음마 수준으로 움직였다. 계단을 오를 때 남편의 허리벨트 뒤쪽을 잡아 올려 힘겹게 도착할 수 있었다. 남편과 나는 진땀이 났다. 남편의 아픈 상황이 무섭고 받아들이기 힘들었다. 하지만 나는 내색하지 않았다. 혹여나 남편이 희망을 버릴까 봐 무서웠다.

평소와 같이 퇴근해서 차에서 내리는 순간 내 머리 위로 나비 한 마리가 앉았다가 스치고 갔다. 힘내라고, 괜찮다고 말하는 듯 스쳐가는 나비에게 의미를 담았다. '그래, 남편은 좋아질 거야'란 희망의 메시지로 받아들였다.

남편은 다시 입원하고 갑자기 또 걷지를 못했다. 병원에서 면역주사요법을 또 권유했다. 다행히 첫 번째보다 두 번째 면역주사요법 뒤에 많이 호전되기 시작했고, 조금씩 걷기 시작했다. 그렇게 하루가 다르게 호전되기 시작하더니 한 달이 지나서 남편은 퇴원할 수 있었다. 하지만 퇴원 할 때 했던 폐 검사에서 혈전이 있다는 소견이 나왔다. 괜찮아질 때까지 약을 먹어야 된다고 했다. 남편과 나는 일희일비하지 않고 담담히 받아들였다. 분명 좋아질거라는 믿음이 있었기에 이겨낼 수 있었다.

남편은 코로나로 인해 폐렴, 청색증, 폐섬유화, 길랭-바레증후군, 혈전을 앓았고, 3개월이 넘어서야 퇴원할 수 있었다. 그 3개월이 3년처럼 느껴졌다. 남편은 요양병원 입원까지 생각하고 퇴원했고, 동탄에서 갈 수 있는 요양병원을 알아보고 입원할 수 있게 했다. 남편이 집에 올 수 있다는 사실만으로도 행복했다. 적어도 옆에서 지켜볼 수 있어 답답함은 없어졌다. 남편을 그냥 볼 수 있다는 사실에 안심이 되었다.

남편이 퇴원할 무렵 나는 또 다시 꿈을 꾸었다. 가위로 앞머리를 자르는 꿈이었다. 잠에서 깬 나는 기분이 좋았다. 좋은 일이 일어날 것 같은 기분이 들었다. 앞으로 잘될 거라고 계속 생각했다. 걱정하시는 어머님께 나는 큰소리쳤다. 반드시 남편을 낫게 해 가을에 출근하게 만들겠다고 말이다. 우리 어머님은 강한 분이다. 절대 내게 눈물을 보이지 않으셨다. 나는 어머님을 믿고 의지했다. 나는 하나님보다 우리 어머님을 믿을 만큼, 내 정신적인 신은 우리 어머님이라고 말할 수 있다.

남편이 퇴원하고 집에 오니 너무 행복했다. 가까이서 보고 내가 챙겨줄 수 있는 상황이 그냥 고마웠고 감사했다. 추석을 끼고 있어서 요양병원에 가기 전에 10일 정도 집에 머물렀다. 아침, 저녁으로 남편과 운동을 시작했다. 하루에 2시간 이상 매일 운동했다. 남편과 걷기 운동도 시작했다. 지난 3개월 동안 혼자 걸으며 울었던 길이었다. 혼자 걷고 있을 때 부부가 손을 잡고 지나가는 모습만 봐도 남편 생각으로 울컥하는 감정을 눌렀다. 하지만 남편과 함께 걷는 순간이 너무 행복했다. 같이 운동할 수 있다는 사실에 감사했다.

남편은 집에 오자 컨디션이 좋아지기 시작했다. 운동한 지 3일

째가 되자 남편은 천천히 걷다가 빠르게 걷기도 했다. 하루가 다르게 좋아졌다. 남편은 걷다가 갑자기 뛰기 시작했다. 내가 바라고 생각한 것이 현실이 되는 순간이었다. 뛰고 있는 남편의 사진을 찍어 가족들에게 보내 안심시켰다. 남편은 더욱 열심히 운동했다. 그리고 요양병원에 입원하지 않아도 될 만큼 호전되었다. 어머님께 가을에 회사에 갈 수 있게 만들겠노라 소리쳤던 말은 현실이 되었다. 내가 생각하고 말했던 것이 이루어지는 것을 경험했다. 그 이후 나는 내 생각과 말, 행동의 중요성을 알게 되었다. 생각하고 말하며 소망하면 꼭 이루어진다는 사실도 믿게 되었다.

병원에서 아파 누워 있으면, 그 어떤 잘난 사람도 그냥 환자일 뿐이다. 아파서 쓰는 돈보다 건강해서 쓸 수 있는 돈은 전혀 아깝지 않았다. 남편에게 모든 노력을 할 수 있는 것에 감사했다. 남편은 퇴원하고 매일 운동했다. 매일같이 먹던 술도 끊었다. 코로나로 너무 힘든 시간을 겪었지만 남편의 모든 생활이 변하기 시작했다. 매일 아침 새벽 5시에 일어나 회사 빌딩에서 운동을 하고 출근했다. 시간만 나면 나와 함께 운동했다. 나이가 들어서 겪을 일들을 미리 겪고, 그 덕분에 일찍 깨달았다.

내 아버지도 운동의 중요성을 알고, 실천하는 삶을 살고 계신다. 아버지는 당뇨로 고생하고 있다. 당뇨를 앓던 상황에서 경제적 위기로 인해 우리 가족은 흩어져 살았다. 자신을 챙기기 힘든 상황에

라면이 주식이 되었고, 술로 위로를 받곤 했다. 3년의 시간이 흐른 후, 아버지는 간암에 걸렸다. 돈보다 더 중요한 건강을 외면한 결과였다. 간암 수술 후, 의사는 수술 때 잘라낸 간의 암 덩어리를 직접 보여주며 설명했다. 나는 의사의 설명이 귀에 들어오지 않았다. 아버지의 잘려진 간이 너무나 충격적이었기 때문에 설명이 필요치 않았다. 암 덩어리에서 아버지의 지나온 나쁜 생활의 모든 것들을 고스란히 느낄 수 있었다.

아버지는 그 후로 자신이 잘못 살아온 삶의 결과에 반성한 듯 보였다. 의사는 수술 후 5년을 넘기기 힘들 수도 있다고 했지만, 19년이 지난 지금도 아버지는 열심히 운동하고, 건강관리에 소홀함 없이 생활하고 있다. 운동의 중요성을 뼈저리게 느낀 아버지는 무조건 하루 일과에서 운동을 빠뜨리지 않는다. 간암에서 회복되고 긴 시간 건강을 유지하고 있는 것은 운동 덕분에 가능한 일이다. 아버지에게 역시 운동은 선택이 아닌 필수가 되었다.

남편과 나는 이제 세상에서 제일 중요한 것이 무엇인지 안다. 그것은 바로 건강이고 운동이다. 퇴원 후, 운동하지 않고 그냥 누워만 있었다면 남편의 병은 빠르게 호전되지 않았을 것이다. 운동은 기적처럼 남편을 다시 일어나게 해준 셈이다.

운동이 생활화된 사람은 힘든 일이 있어도 이겨낼 힘을 가진다. 그리고 이겨낼 의지와 신념이 강하다. 운동은 몸뿐만 아니라 정신력 또한 강하게 만들어준다. 건강한 정신은 좋은 생각과 긍정적인 사고로 좋은 결과를 이끌어내는 힘을 가졌다.

　무엇보다 우리 생활에서 운동이 우선시 되어야 한다. 사람들은 시간이 있어야 운동할 수 있다고 생각한다. 하지만 운동을 하는 데 있어 시간이 필수조건은 아니다. 운동은 내 몸의 에너지이다.　운동은 내 몸을 만들고 지켜주는 원동력이기 때문이다. 아픔을 이겨 낸 나에게 있어 운동은 이제 선택이 아니라 필수가 되었다.

예쁜 피부는 10년 젊어 보인다

전문직에 종사하는 58세 여성 고객이 숍을 찾았다. 예의 바르고 겸손한 분으로 사회적 지위도 있고, 여유도 있어 그런지 안정감이 느껴지는 고객이었다. 우연히 길을 가다 간판에 쓰인 갈바닉이라 글자를 보고 찾았다고 했다. 갈바닉에 대해 어느 정도 효과를 알고 있었던 그녀는 갈바닉을 전문으로 관리하는 곳을 찾고 있었다고 했다.

"인스타그램과 블로그, 그리고 유튜브 정스킨TV를 통해 원장님에 대해 알고 왔어요. 원장님 피부가 너무 예쁘네요. 나도 좋은 피부를 갖고 싶어요."

"고객님 피부도 좋아요. 피부가 조금 더 맑아지고, 빛이 나면 좋을 것 같네요."

"저도 집에 갈바닉이 있어요. 갈바닉을 사용하면 피부가 좋아지는 것을 알고 있는데, 원장님한테 정확한 기술로 받으면 더 좋아질 것 같아서 알아보고 왔어요. 제일 좋은 관리로 받을게요." "고객님이 원하는 게 무엇인지 알겠습니다. 갈바닉의 효과를 보여드릴게요. 제가 할 수 있는 능력을 최대한 발휘하겠습니다. 믿어주셔서 감사해요."

갈바닉의 효과를 알고 있는 고객이어서 피부관리를 하기가 편했다. 이런저런 설명을 하지 않아도 내가 하는 관리를 잘 알고 있었다. 그녀는 철저하게 생활습관을 지키고 있었다. 저녁을 먹지 않고 자기만의 생활 루틴을 지키고 있었는데, 운동은 하지 않는 것이 아쉬웠다. 사람들에게 보여주는 직업이라서 외모에도 관심이 많았다. 여자라면 당연한 것이다. 특히, 그녀는 맑고 투명한 피부를 원했다. 하지만 그녀 얼굴은 노폐물이 정체되어 있었다. 얼굴에 지방과 노폐물이 쌓여 피부가 떠 있었다. 몸은 날씬한데 얼굴은 크게 느껴졌던 이유다. 얼굴에 있는 지방과 노폐물만 배출해도 좋아질 수 있는 피부였다. 나는 그녀의 피부에 쌓인 지방과 노폐물에 집중해 피부관리를 했다. 고객은 평소에 자기관리를 잘하고 있는 편이라 다른 사람들보다 갈바닉 효과가 좋았다.

얼굴 뼈에 피부가 붙도록 정리된 얼굴로 관리했다. 그녀는 기분 좋게 말했다.

"피부관리를 받고 달라진 게 느껴져요. 세수를 해보면 확실히 알 수 있어요. 세수할 때 손이 커진 것 같은 느낌이 들 정도로 얼굴이 작아진 것 같아요. 가족과 지인들은 피부가 좋아졌다고 알아봐요. 특히, 젊어졌다는 말이 제일 듣기 좋아요. 진짜 제가 봐도 10년은 젊어진 것 같아요. 거울을 볼 때 행복해요. 내가 원하는 얼굴이 되어서 너무 기분이 좋아요. 활기차고 자신감도 생겨요. 마스크 벗는 게 싫었는데 지금은 자신 있게 벗을 수 있어요. 원장님, 감사해요!"

우리는 누구나 늙는다. 그러나 나이가 들어도 모두가 아름다워 지기를 갈망한다. 아름다움에는 끝이 없다. 시대가 바뀌고 고객은 더 많은 것을 원하는데, 지금의 피부관리 기술은 제자리걸음이다. 노인은 점점 늘어나고, 젊음을 되찾고자 하는 욕구는 커지지만, 지 금의 피부관리들은 내실이 부족하고 고객을 만족시켜줄 수 없는 게 현실이다. 화장품은 홍수처럼 범람하지만, 화장품만으로는 절대 고 객을 만족시킬 수 없다.

갈바닉 기계는 누구나 손쉽게 구입해서 사용할 수 있다. 하지만 정확하게 사용하는 사람은 거의 없다. 나는 갈바닉 기계 하나로 어 떤 얼굴이든 문제점과 고민을 파악해낸다. 사람마다 쓰는 근육이 다르기 때문에, 뭉쳐 있는 근육과 주름이 생기고 나타나는 부분이 다 다르다. 그래서 값비싼 기계를 사용할 필요가 없다. 갈바닉 기 계 하나면 된다. 나는 이 기계로 끊임없이 갈바닉 성형관리에 대해 연구하고 있다. 한 번을 받더라도 효과가 있어야 하기 때문이다.

그러려면 얼굴 근육을 이해해야 한다. 주름이 있는 근육에는 근막의 끈이 느껴진다. 그 근육을 이완시키고 막을 부드럽게 끊어주면 깊은 주름은 완화된다. 5년 정도 젊어지는 효과를 즉시 느낄 수 있다.

갈바닉 성형관리는 확실한 관리라는 것이 고객을 통해 효과가 이미 입증되고 있다. 모든 사람이 아름답고 자연스러운 최고의 관리를 받을 수 있는 셈이다. 더 중요한 사실은 부작용이 없다는 것이다. 피부관리는 수백 번을 실시해도 부작용이 없어야 한다. 5년간의 연구로 나는 이런 문제점을 해결했다. 뿐만 아니라 지금도 더 나은 기술을 얻으려고 열심히 연구하고 있다. 피부관리에 대한 열정은 누구도 나를 따라올 수 없다고 자신한다. 그리고 더욱 효과 있는 관리 기술을 만들기 위해 끊임없이 노력하고 있다.

51세의 여성이 숍을 방문했다. 실제 나이는 51세였지만 40대 초반으로 보였다. 내가 본 고객들 중 최고의 동안이었다. 피부 나이도 10년은 젊어 보였다. 그녀는 골프를 엄청 좋아해서 봄부터 초겨울까지 골프장에서 산다고 했다. 겨울에는 골프를 치기 위해 근육 운동도 하고 있다는 그녀는 골프가 너무 좋은 나머지 골프장 옆에 땅을 사서 집을 지었다고 했다. 인생을 멋지게 사는 분이었다.

"원장님, 제가 운동을 너무 심하게 하는 편이에요. 한때 복근을 만들고 싶어서 복근 운동을 매일 2,000개씩 했어요. 그러다 목이 아파서 그만뒀어요. 제가 젊을 때 운동선수였거든요. 철인 3종 경기 선수였어요. 그래서 운동하는 것을 좋아하고 즐겨요. 하나에 빠지면 그것만 하는 성격이에요."

"고객님 대단하세요. 저도 운동 중독이라서…. 늘 근육통에 아픈 것도 모르고 살죠! 그래도 운동을 너무 무리하게 하지는 마세요. 저도 스쿼트를 1,000개씩 하곤 했는데, 저보다 운동에 진심인 분은 처음이에요."

"오십이 지나 이제부터 피부관리를 받아야겠다는 생각이 들어요. 갱년기가 오면서 몸이 많이 안 좋아진 상태거든요. 3년 전에는 진짜 더 좋았는데, 아무튼 그래서 나에게 맞는 피부관리를 찾고 있어요."

"피부가 좋은 상태라 어떤 관리를 받으셔도 효과가 좋을 거예요. 지금처럼만 하시면 됩니다."

그녀는 역시 피부관리를 받고 난 후 더 어려 보였다. 하지만 더 이상의 피부관리를 권유하지는 않았다. 피부가 좋은 상태였기 때문에 이후는 고객 선택의 문제였다. 내개 피부관리를 받지 않아도 잘 관리하기 때문이었다.

그녀는 건강한 몸에 건강한 피부를 가졌기에 10년은 젊어 보였다. 운동도 많이 해 나이보다 젊어 보였다. 운동으로 몸과 얼굴에 노폐물이 잘 빠지고 순환이 좋으니 피부 또한 좋았다. 피부, 얼굴, 몸이 10년은 젊어 보였다. 피부에 주름도 없어 매끈했다. 약간의 성형 수술은 했지만 피부 속에 집어넣는 필러 주사나 리프팅 실, 즉 프티 성형을 하지 않았다. 그래서 그녀의 얼굴은 어색함 없이 자연스러웠다. 나는 그녀에게 예쁜 피부에 절대 필러 주사를 맞지 말라고 조언했다. 그녀는 자기 나이에 필러 주사를 맞지 않는 사람은 자기밖에 없다고 했다. 나는 그녀의 예쁜 피부를 지켜주고 싶었다. 그래도 혹시나 하는 마음에 절대 아무것도 하지 말라고 신신당부했다.

예쁜 피부만으로도 10년은 젊어 보일 수 있다. 그만큼 피부가 중요하다. 나이가 들면 눈, 코, 입이 예쁜 것은 의미가 없다. 젊은 사람처럼 예쁘게 보이지 않는다. 하지만 피부가 매끈하고 빛이 나면, 나이를 넘어 자연스럽고 우아해 보인다. 그리고 고급스러운 이미지를 풍긴다. 나이를 먹으면 피부가 생명이다. 피부에서 내 몸이 보이고, 인생이 보인다. 살아온 모든 것이 피부로 보여진다. 예쁜 피부는 그 자체로도 아름답다. 꾸준한 자기관리와 바른 생활습관을 통해 예쁜 피부를 유지하면 10년은 젊어 보일 수 있다. 좋은 습관은 예쁜 피부를 만든다. 그리고 젊음이라는 보상을 받다. 젊음이라는 보상을 받기 위해 나는 지금 어떤 노력을 하고 있는지 잘 생각해 보길 바란다.

자존감이 높은 여자가 아름답다

2012년 여름, 남편과 나는 공원을 산책 중이었다. 유독 다리가 굵은 나는 치마를 잘 입지 않는 편이다. 긴바지를 입고 산책해서인지 더웠다. 땀을 뻘뻘 흘리는 나를 보고 남편은 웃었다.

"왜 웃어?"

"날씨도 더운데 치마 입고 다녀."

"나도 짧은 치마를 입고 싶은데 다리가 굵어서 못 입는 거야!"

"너는 평생 짧은 치마는 못 입겠네. 코끼리 다리 같아서 살이 쉽게 빠지지 않을 거야."

"운동해서 내년 여름에는 짧은 치마를 꼭 입고 말겠어"

"네가 미니스커트를 입고 다니면 내 손에 장을 지진다. 네 허벅지 살은 쉽게 안 빠질 거야."

남편은 내 심기를 긁었다. 나는 그런 남편이 엄청 미웠다. 다른 남편들은 아내가 뚱뚱해도 예쁘다고, 괜찮다고 한다는데…. 그런데 내 남편은 정확한 말, 아니 독설을 퍼부은 셈이다. 그 순간 나는 오기가 생겼다. 다음 해 여름에는 미니스커트를 입고 남편의 말이 틀렸음을 증명하고 싶었다. 달라진 나의 모습을 보여주고 싶었다.

그다음 날 살을 빼기 위해 바로 스피닝에 등록했다. 등록한 날부터 운동이 시작되었다. 하루도 거르지 않고 3~4시간씩 운동했다. 유산소 운동에는 스피닝이 최고였다. 턱에서 땀이 뚝뚝 떨어지자 시원함이 느껴지기 시작했다. 나는 하루도 빠짐없이 열심히 운동했다. 그렇게 6개월이 지나면서부터 살이 빠지기 시작했다. 나의 외모는 하루가 다르게 변해갔다. 리즈 시절보다 더 예쁘게 느껴졌다. 자신감이 오른 나는 모든 일이 즐거웠고, 무엇보다도 당당해진 내가 좋았다. 나를 사랑하기 시작한 것이다.

그렇게 1년이 지나 다시 더운 여름이 돌아왔다. 그동안 입지 못했던 미니스커트를 줄기차게 입고 다니기 시작했다. 너무 행복했다. 남편의 쓴소리가 아니었다면, 나는 존재감 없는 뚱뚱이로 살았을 것이다. 나는 남편에게 보란 듯이 더 짧은 미니스커트를 입고 다녔다. 날씬해진 나의 모습을 보며 행복했다. 달라진 나의 외모에 남편도 감탄했다. 남편은 날씬해진 내 모습을 좋아했다. 남들보다 근육이 많은 나는 건강하게 체중을 감량할 수 있었다. 많이 먹고, 많이 운동하는 다이어트를 했다.

그렇게 3년이 지날 무렵, 유산소 이외의 운동을 해야겠다는 생각이 들었다. 그 당시 내 몸은 남들과 달랐다. 하체 근육이 좋았고, 무엇보다 엉덩이에 자신이 있었다. 주변에서는 애플힙이다, 라인이 예쁘다는 이야기를 많이 했고, 부러워하기도 했다. 내 자신에게 도전하고 싶었고, 자신감을 확인하고 싶었다. 그래서 피트니스 대회에 참가해야겠다고 생각했다. 지금 시작하지 않으면 안 된다는 생각도 들었다. 피트니스 대회 참가는 꼭 한번 해보고 싶은 나의 버킷 리스트였다.

나는 체계적으로 근력운동을 해본 적이 없었다. 대회 준비를 위해서 PT 30회를 등록했다. 그때부터 하루에 4~5시간씩 매일 운동했다. 오전 운동 스피닝 2시간, 오후 운동 PT 1시간, 저녁 근력운동 2시간, 그렇게 매일 혹독하게 운동했다. 근력 운동은 내 몸에 빠른 변화를 가져왔다. 하루가 다르게 근육질 몸매가 되어갔다.

음식은 채소와 닭가슴살 위주로 배부를 만큼 먹었다. 절대 굶는 다이어트는 하지 않았다. 건강하고 보기 좋게 다이어트하고 싶었기 때문이다. 내가 바란 것은, 건강하고 볼륨 있는 라인의 몸매였다. 나에게는 마른 몸보다 건강한 이미지가 잘 맞았다. 대회에 나갈 몸을 만들기 위해 무조건 노력했다. 운동 시간은 나 자신을 찾는 시간이었다. 오롯이 나를 위해 쓸 수 있는 소중한 시간이었기 때문이다. 그때부터 나는 시간을 아껴 쓰기 시작했다. 나는 운동할 때 뛰는 심장 소리를 듣는 게 좋았다. 운동할 때 많은 생각을 하며 새로운 각오와 반성을 했다. 운동은 나에게 위로와 힘을 주고, 나 자신을 만들어가는 원동력이 되었다.

나는 남편에게 피트니스 선수가 되기 위해 1년만 열심히 운동해보겠다고 말했다. 남편은 1년만 선수 생활을 해보라고 적극적으로 응원해주었다. 바라던 피트니스 대회에 비키니 선수로 참가했다. 2017년 Asia-international Natural Championship Bikini Divas Master 1위, INBA Asia-international Natural Championship Women's sport Moder 1위, INBA Asia-international Natural Championship Women's Figure 1위로 국내에서 금 3개, 은 2개, 동 1개의 상을 받았다. 몇 달 후에는 2017 INBA World Championship Rimini(ITALY) Bikini Master 1위로 해외대회에서 금 1개, 은 1개, 동 2개의 상을 받았다. 2018년에는 ICN 프로카드도 획득했다. 이 모든 것이 마흔세 살에 일어난 일들이다.

보통은 예쁘고 젊을 때 피트니스 대회에 참가한다. 하지만 나는 나이가 많았고, 젊고 예쁜 친구들과 아름다움을 겨루어야 했다. 그럼에도 불구하고 나는 비키니 대회를 즐겼고, 내 자신이 자랑스러웠다. 학창시절 나는 비만이었고, 두 번의 출산으로 몸무게가 78킬로그램이 된 적도 있었다. 어린 시절 뚱뚱한 외모 때문에 소아 우울증이 있었고, 학교에 갔다 오면 집에만 있었다. 친구와 뛰어 놀아야 할 시기에 집에만 있고 일하러 나간 엄마만 기다렸다. 친구를 좋아할 나이에 친구를 좋아하지 않고, 집에 혼자 있고, 사람 만나기를 꺼려했다. 이제껏 줄곧 위축되고 소극적인 삶을 살아왔다. 지금 생각해보면 남에게 비춰질 내 모습이 싫어서였다. 뚱뚱했던 내 자신이 싫었던 것이다. 하지만 뚱뚱했음에도 불구하고 언젠가는 예뻐질 거라는 희망을 가지고 있었다. 실패도 당연하게 받아들이고, 나를 이겨내려고 노력했다. 나는 손목이 가늘었기 때문에 언젠가는 내 손목에 맞는 몸도 만들 수 있겠다고 생각했다.

비록 짧은 치마를 입겠다는 마음으로 운동을 시작했지만 결과는 성공적이었다. 비만인 나는 체중감량을 뛰어넘어 인생에서 기록될 의미 있는 일을 이뤘기 때문이다. 내 손목에 맞는 몸 만들기에 성공한 것이다.

나는 운동하면서 그 뚱뚱하고 우울했던 모습을 지우개로 지우는 느낌이었다. 대회에 출전하며 뚱뚱한 외모 때문에 소극적이었던 나는 사라지고 있었다. 스포트라이트를 받으며 한 걸음씩 무대 위를 걸어 나올 때면 관객들은 나를 보며 환호했다. 상상하지도 못한 감정이 들었다. '나 같은 못난이가, 뚱뚱이가, 소극적인 내가 어떻게 이런 무대를 꿈꾸었을까?' 라는 벅찬 생각에 눈물이 나는 것을 애써 참았다. 기쁨의 눈물이 무엇인지 처음 알았다. 더 이상 과거의 내가 아니었다. 이제 내가 하면 무엇이든 이루어질 것 같았고, 자신감이 가득했다.

어릴 적 나를 보고 뚱뚱하다고 말하던 사람들에게 내가 이렇게 변했으니 봐달라고 소리치고 싶은 마음이었다. 이런 당당함과 자신감은 태어나서 처음 느껴봤다. 운동한 결과로 다시 태어난 순간이었다. 사람은 외모에서 오는 자신감을 외면할 수 없었다. 정신적으로 다시 태어난 나를 볼 수 있었다. 당당한 자신감으로 무장한 병사가 된 느낌이었다. 비키니 대회라는 전쟁터에서 내가 어떤 병사로 전쟁을 치룰 것인지 멋진 상상이 되었다.

한편, 무대 한가운데에 서서 포즈를 취할 때, 심장이 터질 듯한 감동이 느껴졌다. 나의 인생을 보상받는 듯한 아름다운 시간이었다. 노력의 결과로 만들어낸 당당한 내 모습을 마음껏 무대에서 즐겼다. 힘들었던 시간을 보상받는 듯한 감격스러운 순간이었다. 나에게는 평생 잊을 수 없는 값진 시간이었다. 대회 도전을 응원하는 사람도 있었지만, 노출이 많다 보니 출전에 부정적인 사람도 있어 힘든 시간 또한 있었다.

트로피를 받고 무대에서 내려올 때 남편이 나를 안아주었다. 눈물이 왈칵 쏟아졌다. 남편은 대회 처음부터 끝까지 나를 지켜주었다. 내 인생에서 언제나 나와 함께했다. 남편은 나의 아버지이자, 친구이자, 영원한 동반자다. 항상 내 곁을 지켜주고 묵묵히 나를 바라봐주었다. 남편은 내 인생의 기준이 되어준 사람이다. 나에게 안정감을 주고, 새로운 목표를 지지해주는 단 한 사람, 내 편인 사람, 그게 바로 남편이다. 나의 인생에서 처음이자 마지막인 남자,

장태두 당신을 영원히 사랑합니다.

　나는 상을 받으며 내 자신에게 도전하는 힘이 생겼다 그것은 바로 자신감이었다. 뚱뚱했던 과거의 나와 지금의 나는 다른 인격체였다. 지금의 나는 가족과 상대방에게 유연하고, 화를 잘 내지 않는 성격이 되었다. 하지만 내 자신에게는 엄격했다. 내 자신과의 약속은 반드시 실천하고, 행동으로 옮긴다. 나는 내 자신을 찾고, 그 자신감으로 내가 하고 싶은 일들에서 결과를 얻어냈다. 운동으로 건강한 몸을 만들었듯이, 내가 개발한 기술로 얼굴도 반듯하게 어색함 없이 아름답게 만들고 싶었다. 피부와 매끈한 얼굴을 소망하는 여성을 내가 만든 프로그램으로 아름답게 만들어 주고 싶었다. 나는 갈바닉 성형관리로 얼굴 주름의 근막을 제거하는 기술을 개발했다. 나는 내 몸을 만들고, 내 얼굴을 만들고 싶었다. 그 욕망과 열정은 경험과 노하우가 되었다.

　인생에서 변화는 두려움을 만들어낸다. 이런 두려움을 확신으로 만들기 위해 도전하는 것이다. 내 인생에서 변화는 나를 위한 것이다. 자존감은 나를 발전할 수 있는 계기를 만든다. 자존감이 높기 때문에 가능한 일이다. 긍정적으로 세상을 바라보는 눈을 가지고 자신을 사랑하는 사람은 자존감이 높다. 자존감이 높은 사람은 도전하는 것을 두려워하지 않는다.

또 하나의 도전은 책 쓰기로, 내 기술과 인생의 이야기를 담고 싶었다. 우리 숍에 오는 고객이었던 최효임 작가님의 소개로 한책협의 김태광 대표님을 만날 수 있었다. 책 쓰기 일타 강사로 유명한 분이었고, 단시간에 책을 쓸 수 있게 만들어주셨다. 나는 김태광 대표님만 믿고 따라가기만 했다. 좋은 인연으로 효임 작가님을 만났고, 존경하는 스승인 김태광 대표님의 제자가 되어 책을 쓸 수 있었다.

나는 책을 좋아하지도, 책을 많이 읽지도 않았기에 무조건 열심히 집중했다. 나는 내게 집중하는 것을 제일 잘한다. 내 자신을 믿고, 집중하는 시간을 사랑한다. 그래서 책 쓰기에 집중하고 도전하는 것이다. 일 년에 한 권의 책도 읽지 않는 나에게 무모할 정도의 도전이라고 생각할 수 있다. 하지만 이런 생각을 이끌어준 것은 자신감이었다. 모든 일은 마음먹기에 달린 것이다. 그리고 내가 하고 있는 일에 대한 열정을 막을 수 없다. 열정과 노력은 자신감으로 무장되어 어떠한 일도 도전할 수 있는 힘이 되었다. 나는 내 자신을 믿고 의지한다. 행동은 나의 생각이다. 생각하면 행동으로 결과물이 나오기 때문이다.

나는 나를 사랑한다. 나는 세상의 중심에 있다. 내가 중요하다고 생각하면 중요한 것이다. 나는 나를 믿는다. 믿음은 사랑이다. 그래서 나는 나를 믿고 사랑한다. 나는 나를 좋은 곳으로 이끌어주고 싶다. 그리고 내가 원하는 것을 얻을 수 있기를 소망한다. 나는 도전하고, 성취하는 삶을 살고 싶다. 도전하는 삶을 통해 내 인생에 변화와 도움을 준 지인들이 있다. 인생에 찾아온 기회에 좋은 분들을 만난 것은 행운이다. 그분들은 내 인생 스승이 되었다. 첫 번째 스승은 피트니스대회 ICN 회장인 서문석 대표님이다. 그분을 만나면서 내 자신을 찾을 수 있었다. 두 번째 스승은 여우스킨 대표인 김주은 사장님이다. 그녀를 만나 갈바닉을 알게 되었고, 연구할 수 있도록 도움을 주셨다. 세 번째 스승은 한책협의 김태광 대표님이다. 그분을 만나 이렇게 책을 쓸 수 있었다.

나는 성취할수록 자존감이 높아졌고, 점점 도전하는 삶을 살고 있다. 자존감이 높을수록 도전할 수 있는 힘이 솟구친다. 성취할 때마다 자존감은 높아지고, 내 자신을 더 이해할 수 있게 되었다. 내 자존감은 인생을 아름답게 만들고 있다. 자존감이 높은 여자는 누구보다 아름답다는 사실을 기억하길 바란다.

예쁜 피부, 뷰티도 습관이다

누구나 예쁜 피부를 소망한다. 뷰티에 관한 관심은 끝이 없다. 뷰티와 관련한 자기관리는 습관이 되는 것이 가장 좋다. 피부는 공부와 같다. 노력한 만큼 결과가 나온다. 고객들은 내게 어떻게 피부관리를 하는지 물어보곤 한다. 나의 뷰티 습관은 매일 갈바닉을 하는 것이다. 오랫동안 우리 숍에 다닌 고객은 내가 갈바닉으로 매일 관리하는 것을 알고 있다. 하지만 처음 나를 본 고객은 내가 병원 시술을 받는 줄 안다. 내 피부와 얼굴은 갈바닉의 결과물이다. 그래서 피부와 얼굴에 집착스러울 정도로 확신을 갖고 있다. 매일 밤마다 갈바닉에 빠져 자기관리를 하고 있다.

나는 갈바닉 전문가다. 내 얼굴을 통해 갈바닉을 연구하고, 내 피부에서 효과를 확인한다. 갈바닉 기계 하나에 빠져 미친 듯이 공부하고 연구해 프로그램을 완성했다. 한 우물만 파서 결과를 내고, 효과로 증명하고 있다. 5년 동안 공부하면서 갈바닉을 하면 늙지 않는 효과가 있다는 것을 알았다. 갈바닉을 매일 하면 24시간 중 12시간은 노화되고, 12시간은 젊음을 유지할 수 있다. 갈바닉 성형관리의 얼굴 주름 근막을 제거하는 관리를 통해 메스를 대지 않고도 성형을 할 수 있는 기술 또한 보유하고 있다.

30대 초반의 여드름이 많은 고객이 숍을 방문했다. 그녀는 이마, 귀 앞, 턱에 여드름이 심했다. 갈바닉 전체 성형관리를 2년 이상 계속 받았고, 줄곧 갈바닉 전체 성형관리를 받으며 얼굴이 작아졌다. 작아진 얼굴에 이목구비가 반듯하게 정리되어 인상이 좋아졌다. 그녀는 성형관리를 받으며 여드름이 줄어들기 시작했다. 그래서 피부에 관심이 많아져 갈바닉 기기에 호기심을 가졌다.

"원장님 요즘도 갈바닉을 매일 하나요?"

"당연하죠. 매일 갈바닉으로 관리하고 있어요. 습관이 됐어요. 매일 안 하면 찝찝하고 늙는 것 같아 불안해서 꼭 해요. 제 인생에서 제일 중요한 것은 운동과 피부입니다. 내가 가진 재산이죠!"

"저도 매일 습관처럼 피부관리를 해볼까요?"

"갈바닉을 매일 하면 예쁜 피부가 되는 것은 당연하죠! 하지만 매일 해야 된다는 전제 조건이 있어요. 갈바닉 기계를 구매하고 안 할거라면 구매하지 마세요. 진짜 매일 할 수 있는 의지가 있어야 하니까, 더 생각해보세요. 갈바닉을 매일 할 의지가 있는지, 없는지가 매우 중요해요."

그녀는 재방문 했고, 결심이 섰다는 듯 말했다.

"갈바닉을 구매해서 매일 해볼게요. 피부에 갈수록 관심이 생겨요. 조금씩 피부가 좋아져 더 욕심이 나네요. 습관처럼 매일 갈바닉으로 관리할게요. 쓰는 방법 좀 가르쳐주세요!"

"고객님, 저와 약속했습니다. 매일 관리해서 저보다 피부가 더 좋아져야 됩니다. 젊기 때문에 좋아질 수 있어요."

그녀는 갈바닉을 구매하고 나와의 약속을 지켰다. 그녀의 뷰티 습관은 매일 갈바닉으로 관리하는 것이었다. 사실 의지가 없으면 쉽지 않다. 피부를 좋아하고, 자신을 사랑하지 않으면 할 수 없는 일이다. 그녀는 자신을 사랑하게 된 것이다. 자신과의 싸움에서 이긴 것이다. 자신에게 노력한 결과를 아름다운 피부로 확인할 수 있었다. 그녀의 피부를 볼 때마다 나도 놀랐다. 여드름이 있었다는 사실을 모를 정도로 예쁜 피부가 되었다. 그녀도 나처럼 갈바닉을 하루라도 하지 않으면 불안하다고 했다. 나는 더 이상 그녀에게 매일 갈바닉으로 관리하냐고 물어보지 않았다. 피부에 대한 욕심과 의지가 강했기 때문이다. 그녀의 피부는 반짝반짝 빛났다. 더 이상 관리할 것이 없는 완벽한 상태가 되었다.

40대 중반의 여성은 건강하고 예쁜 피부를 원하는 고객이었다.

그러나 현실은 매일 몸이 아팠고, 건조하고 예민한 피부였다. 근육이 없어 몸의 노화가 빠르게 진행되었다. 몸의 노화는 피부에도 영향을 주었다. 피부는 거칠었다. 그런데 그녀는 담배를 끊지 못했다. 그녀는 자신의 나쁜 습관이 지금의 자신을 만들고 있다는 사실을 몰랐다. 좋은 습관보다 나쁜 습관이 더 많았다. 나쁜 것을 알면서도 습관을 버리기 힘들어 했다. 담배는 피부 노화를 빠르게 진행시킨다. 물도 많이 먹지 않고 인스턴트와 밀가루를 좋아했다. 피부가 좋아질 수 없는 환경이었다. 나쁜 것을 없애려면 좋은 것을 더 많이 해야 된다. 그녀는 제일 먼저 담배를 끊어서 나쁜 습관부터 버려야 했다.

그녀는 일주일에 한 번씩 피부관리를 받았다.

"원장님, 얼굴이 너무 건조해요. 내 피부는 왜 이렇죠? 뭘 해야 될지 모르겠어요. 원장님, 내가 무엇을 해야 될지 알려주세요. 피부 때문에 속상해요. 마스크 벗기가 싫어요."

그녀는 자신의 고민을 이야기했다. 나는 고객님의 경우 피부 상태가 나쁘기 때문에 집에서 매일 자기관리를 해야 될 것 같다고 솔직히 말했다. 사실 내가 숍에서 피부관리하는 것만으로는 부족함이 있는 고객이었다. 그녀애개 강한 의지로 자기관리를 할 수 있게 되면 도와드리겠다고 말했다.

1년이 지난 후, 그녀는 "저도 저를 위해 뭔가를 해야 될 것 같아요. 편하게만 생활하면 좋아지지 않는다는 것을 알았어요. 그리고 원장님이 자기관리 하는 모습에 놀랐어요. 변함 없이 자신에게 투자하고, 열심히 자기관리하는 모습을 보니 반성이 되네요. 저도 갈바닉으로 관리할래요. 예쁜 피부가 되고 싶어요"라고 진심을 다해 말했다. 나는 "잘 생각했어요. 제가 도와드릴게요. 갈바닉 사용 방법도 알려드릴게요"라고 말했다.

그녀는 갈바닉으로 자기만의 뷰티 습관을 만들었다. 그녀의 뷰티 습관은 갈바닉과 1일 1팩이었다. 나는 그녀와 소통하며 응원했다. 그녀는 예쁜 피부를 갖고 싶은 마음에 열심히 갈바닉으로 관리했다. 하지만 피부는 빠르게 좋아지지 않았다. 그녀의 피부는 이미 노화가 진행되고 있어 남들보다 많은 시간이 걸렸다. 열심히 관리해도 보통의 피부가 되기도 힘들었다. 피부는 좋을 때 관리해야 빠르게 좋아지고 유지될 수 있다. 그녀는 예쁜 피부를 위해 매일 관리하는 습관을 지금도 지키고 있다. 나빠진 상태에서 피부관리를 시작했지만 좋아질 것이라는 믿음을 가지고 노력하고 있다. 1년 이상 자기관리를 한 후, 예전보다 피부가 많이 좋아지기 시작했다. 나는 지금도 일주일에 한 번씩 그녀와 만나 피부 상태를 확인하고, 응원하고 있다.

습관은 무에서 유를 만든다. 습관을 믿고, 매일 열심히 하다 보면 잘하게 된다. 잘하다 보면 에너지와 노하우가 보인다. 에너지와 노하우는 나만의 무기가 되어 진정한 자신을 볼 수 있게 된다. 노력해서 얻는 것은 자신만의 것이 된다. 그것은 나의 무기가 된다. 운동하는 습관으로 내 몸을 만들고, 뷰티 습관으로 내 얼굴을 만들었다. 나만의 방식으로 멋진 몸과 예쁜 피부가 되었다. 습관은 나를 만들었다. 나는 자신을 만들 습관을 찾고자 노력한다.

여성의 맑고 투명한 피부를 위해 간을 위한 약인 밀크씨슬을 먹는 것을 추천한다. 간 약은 힘든 일을 하는 사람만 먹는 것이 아니다. 기미가 생기는 외부적인 영향인 자외선은 썬크림을 바르면 피할 수 있지만 내 몸에서 해독하지 못해 얼굴로 기미로 나타나는 것은 막을 수 없다. 그래서 피부 건강을 위해 밀크씨슬이 함유된 간약을 먹기를 권유한다. 무인도로 갈 경우 화장품 중 하나만 챙겨갈 수 있다고 했을 때, 나는 선크림을 고르겠다. 그 정도로 다른 화장품 보다 선크림을 꼭 챙겨 바르는 습관을 가져야 기미를 피할 수 있다. 기미가 있을 경우, 외부로 오는 자외선은 썬크림 바르는 습관으로 예방하고, 몸 내부의 해독을 위해서는 밀크씨슬을 먹는 습관으로 맑은 피부와 기미를 예방할 수 있다.

아무리 좋아도 행동으로 실천하지 않으면 좋은 결과를 얻을 수 없다. 자신과 약속하면 반드시 실천해야 한다. 피부에 대한 자신의 의지가 제일 중요하다. 무슨 일이 있더라도 오늘 내가 해야 될 일은 무조건 해야 된다. 이것이 뷰티 습관이 되고, 그래야 달라진 자신을 확인할 수 있다. 자신에게 맞는 관리를 매일 하면 젊음을 유지하는 예쁜 피부가 될 수 있다. 당신의 아름다움은 자신이 만드는 것이다. 뷰티가 습관이 될 때 예쁜 피부를 가진 자신을 만날 수 있다. 예쁜 피부를 원한다면 꾸준한 관리가 습관이 되어야 한다.

날씬한 체질을 유지하라

　얼마 전 나는 건강검진을 했다. 검진 결과 동맥경화 진단이 나왔는데, 그 사실을 인정할 수가 없었다. 누구보다 열심히 운동하고 자기관리에 철저했던 내게 이런 병이 있다니, 이해할 수가 없었다. 의사는 가족력이고 퇴행이라서 어쩔 수 없다고 했다. 물론 친정 식구 모두가 당료라는 가족력을 가지고 있었다. 고모는 당뇨로 실명한 후, 해서는 안 될 선택을 해서 먼 길을 떠났고, 삼촌도 신장질환으로 혈액 투석으로 하며 고생하다 일찍 세상을 떠났다. 내가 열심히 운동을 했던 이유 중에 당뇨에 걸릴까 염려되었던 것도 크다. 가족력을 이겨내고 싶었다.

　대학병원에서 재검사를 했다. 의사는 약을 권유했지만 나는 3개월 지나서 안 좋으면 그때 약을 먹겠다고 말했다. 의사는 3개월이 지나 90%의 사람들이 약을 먹는다고 했다. 나는 남들과 다르다는 것을 보여주고 싶었다. 콜레스테롤 수치를 낮게 만들어야 했다. 운동을 더 열심히 했고, 음식도 가려서 먹었다.

3개월 후, 동맥경화 재검사를 받았다. 다행히 콜레스테롤 수치가 낮아졌고, 대동맥 초음파검사는 혈관에 있는 석회가 딱딱해서 위험이 적다고 했다. 의사는 약을 먹지 않아도 된다고 했다. 나는 평소에 운동을 많이 해서 내 몸을 잘 알고 있었다. 내 몸을 내가 다스리고 싶었다. 그래서 약복용을 피하고 싶었다. 약을 먹기 시작하면 내 몸은 도미노처럼 나빠질 수 있는 환경이 된다. 그 약으로 또다른 질병이 생길 가능성이 높아진다. 내가 평소 운동하지 않았더라면 동맥경화제러는 약을 먹었을 것이다. 운동을 하지 않았더라면 병을 이겨낼 힘도 없었을 것이다. 병을 이길 수 있는 힘을 운동에서 얻었다.

유전적으로 남들과 똑같이 삼시 세끼를 먹으면 나는 살이 찌는 체질이다. 지금도 먹는 것을 좋아하고 음식하는 것을 좋아한다. 식탐이 많고, 먹고 싶은 것도 많았다. 한끼 마음껏 먹으면 2킬로그램은 찐다. 많이 먹은 다음 날은 음식을 적게 먹고 저녁을 먹지 않는다. 덜 먹고 운동을 많이 해야 건강을 유지하고 날씬한 체질을 유지할 수 있다.

40대 중반의 여성은 목과 어깨가 아파서 소개로 온 고객이었다. 그녀는 뚱뚱하고 피부가 좋지 않았다. 얼굴빛이 칙칙하고 황반 현상으로 피부가 좋지 않았다. 성격이 쾌활하고 재미있는 고객이었다. 그녀는 피부관리를 받는 동안 소리를 질렀다. 자신이 엄살이 심하다고 했다. 아픈 걸 참지 못하는 솔직한 성격이었다. 그녀는 "우와, 너무 아파요. 119 불러야겠어요. 아니 112를 부를까? 진짜 아파요!"라고 큰 소리로 말했다. 나는 그녀의 유쾌함 때문에 피부관리하는 동안 계속 웃었다. 그녀는 "캬…, 피부관리를 받으면서 소주를 몇 병은 마신 것 같아요. 원장님 손맛이 독하다. 독해! 다른 사람들은 잘 받나요?"라고 웃으며 말했다. 나는 "처음 피부관리 받는 날이 제일 아파요. 고객님이 유독 많이 아파하세요!"라고 대답했다. 그녀는 "원장님은 체중관리를 어떻게 하세요? 날씬해서 좋겠어요. 부러워요. 나도 건강을 생각해서 체중 감량을 해야 되는데, 쉽지 않네요"라고 말했다. 나는 "꾸준하게 운동하세요. 인생에 제일 중요한 것은 나 자신이에요. 자신을 위해서라도 살을 빼야 해요. 삶이 달라져요. 자신감도 생겨 자신이 제일 중요하다는 것이 느껴져요. 내가 건강해야 가족도 건강해져요"라고 진심을 다해 조언했다. 그녀는 아무 말도 하지 않았다.

몇 달이 지나 고객이 다시 방문했다. 나는 그녀를 보고 화들짝 놀랐다. 살이 엄청 빠져 예쁜 모습으로 나타난 것이다. 그녀는 "원장님을 보고 자극을 받아서 살을 뺐어요. 원장님 덕분이에요. 운동하고 적게 먹었어요. 10킬로그램 감량했어요. 몸이 가벼워요. 원장님 말대로 내 자신을 위해 살고 있어요. 예쁜 옷도 입고 자신감이 생겨 생활에 활력이 있어요. 무기력한 나는 이젠 없어요. 원장님 감사해요"라고 즐거운 마음으로 말했다. 나는 기분이 좋았다. 모든 여성들이 건강하고 날씬한 모습을 가지기를 바라는 마음이 전달되었기 때문이다. 나는 숍을 찾는 고객들에게 무조건 운동하라고 말한다. 운동을 해야 자신을 정확히 볼 수 있다. 자기 자신이 중심이 되어야 흔들림 없는 삶을 살아갈 수 있는 힘을 얻는다.

나를 생각하게 하고 움직이게 만든 것의 출발점은 운동이다. 운동으로 얻은 에너지는 스스로를 지탱하게 했고, 나를 발전시키는 원동력이 되었다. 나는 열심히 일하다가도 점심 시간이나 휴식 시간이면 운동하러 헬스장에 간다. 대회를 준비하며 만든 몸을 유지하고 있다. 지금도 운동을 게을리하지 않는다. 내 몸은 내가 지키고 만드는 습관을 가져야 한다. 나에게 우선순위는 운동과 피부다. 누구도 나를 막을 수 없다. 일이 많아도, 시간이 없어도, 밥 먹는 시간을 줄여서라도 나를 위한 시간을 운동으로 즐긴다. 열심히 일한 만큼 나에게 보상하는 시간을 가져야 한다. 과거보다 운동량은 적어졌지만, 꼭 운동하는 시간을 갖는다. 일도 좋지만, 자신을 위한 자기관리가 필요하다고 믿기 때문이다.

손님들의 피부를 관리해주면서 그들과 대화도 나누고 유대감을 쌓기도 한다. 고객들과 나는 서로의 안부를 묻고 서로를 위로해주곤 한다. 손님들은 내 피부와 몸매를 부러워하고 어떻게 관리하냐고 질문해온다. 그러면 나는 자신 있게, 나를 위해 꼭 해야 할 약속을 지킨다고 말한다. 퇴근해서 집에 오면 내 얼굴에 갈바닉을 하며 연구도 한다. 그리고 헬스장에 가지 않는 날은 스쿼트를 1,000개씩 한다. 코로나로 인해 헬스장이 문을 닫았을 때도 나는 전신운동인 스쿼트를 매일 1,000개씩 했다. 헬스장에 갈 수 없으면 다른 방법으로 나를 움직이면 된다. 스쿼트를 매일 1,000개씩 1년 이상 하자, 내 엉덩이는 대회 때보다 더 볼륨이 생겼다. 나는 운동하는 습관으로 날씬한 체질을 유지할 수 있다.

요즘은 '천국의 계단'이라고 흔히 불리는 계단 오르기 운동을 하며 유산소와 하체 운동을 꾸준히 하고 있다. 나는 시간을 쪼개서 운동을 하기 때문에 단시간에 효과를 극대화할 수 있는 프로그램을 선호한다. 천국의 계단은 런닝머신보다 몇 배의 유산소와 하체 강화 운동이 된다. 천국의 계단을 50분 하는 동안 7단계에 두고 끊임없이 내려오는 계단을 쉬지 않고 오른다. 여성은 나이 들면 서서히 자세가 비틀어진다. 골반이 벌어져 팔자로 걷게 된다. 그래서 나는 천국의 계단을 오를 때 그냥 일자로 올라가지 않고 X자로 모델처럼 엉덩이에 힘을 주고 계단을 올라간다. 다리가 몸 안쪽으로 걷는 연습을 하는 것이다. 근력 운동은 등 운동과 하체 운동을 번갈아 30분 정도 하고 마무리한다. 중년 이후부터는 유산소보다 근력 중심의 운동을 하는 것이 좋다. 나이 들면 근력이 저하되기 때문에 60세가 되기 전에 근육량을 끌어 올려야 한다. 짧은 시간에 운동의 효과를 극대화할 수 있는 나만의 루틴으로 날씬한 체질을 유지하고 있다.

1등을 하는 것은 쉽다. 하지만 1등을 유지하는 것은 더욱 힘들다. 몸도 마찬가지다. 몸은 만드는 것은 쉽다. 하지만 날씬한 체질을 유지하는 것은 더욱 힘들다. 꾸준한 운동과 자기관리로 바른 생활이 자리 잡혀 있어야 한다.

날씬한 체질을 유지하기 위해서는 지금부터 시작해 죽을 때까지 해야 된다. 건강하고 날씬한 체질을 유지하려면 지속적인 운동이 필요하다. 몸을 많이 움직여야 한다. 자신에게 맞는 운동으로 몸을 만들고 날씬한 체질을 유지해야 된다. 먹으면서 다이어트를 평생 해야 한다. 다이어트를 한다고 무조건 먹지 않는 것은 옳지 않다. 무조건 먹지 않는 행동은 스트레스를 더 쌓이게 해 폭식 할 가능성이 많다. 먹고 싶은 것을 먹으며 다음 날 적게 먹고 운동을 더 많이 하면 된다. 이런 루틴이 생활화되어야 날씬한 체질을 유지할 수 있다.

많은 이들이 시간이 없어 운동을 못한다고 한다. 그것은 핑계일 뿐이다. 운동할 마음이 없는 것이다. 어떤 이유든 떨쳐버려야 한다. 누구를 위해서가 아니라, 나 자신을 위해서 운동하면 된다. 그

것이 정답이다. 성장 호르몬이 나올 때 근육을 많이 만들어야 한다. 나이 먹기 전에 근육량을 올려야 건강을 유지할 수 있다. 건강한 체질은 단시간에 이루어지지 않는다. 그래서 많은 이들이 중간에 운동을 포기하지만, 한 번 뿐인 내 인생이다. 건강한 모습으로 인생을 살아야, 수많은 시련과 어려움을 이겨낼 수 있는 힘을 가질 수 있다.

건강해진 몸은 날씬한 체질이 된다. 그리고 날씬한 몸은 자기가 필요할 때 에너지를 쓸 수 있는 능력을 가진다. 체력이 좋아지면 어떤 일을 할 때도 집중할 수 있다. 어려움이 다가와도 쉽게 포기하지 않는 사람이 된다. 운동으로 힘든 상황을 극복해낸 사람은 끝까지 하는 근성도 좋아진다. 날씬한 체질을 유지하면 몸도 건강해지는 것뿐만 아니라, 정신력 또한 강해져 몸과 정신이 건강한 사람이 된다. 몸이 건강하면 생각 또한 건강해진다. 운동으로 다져진 몸은 건강하고 날씬한 체질이 된다. 건강하고 날씬한 체질을 유지하려면 운동이 생활화되어야 된다.

많은 사람이 건강한 몸과 정신으로, 날씬한 모습을 유지하기를 바라는 마음이다.

예쁜 피부, 건강과 뷰티는 하나다

어느 날, TV에서 해외토픽을 우연하게 봤는데, 일란성 남자 쌍둥이에 관한 이야기였다. 일란성 쌍둥이는 둘 다 태어날 때부터 불치병과 싸우며 살아왔다. 하지만 놀라운 것이, 50대가 된 쌍둥이의 모습이 나왔는데, 한 명은 젊은 모습으로 뛰고 있었고, 다른 한 명은 병상에 누워 인공호흡기를 하고 있었다. 일란성 쌍둥이의 모습은 충격적이었다. 쌍둥이는 똑같은 병을 앓았지만 한 명은 매일 1시간 이상 달리기를 하며 병을 이겨 40대의 모습이었고, 다른 쌍둥이는 아프다는 이유로 운동하지 않고 누워만 있다가 병이 더 악화되었다고 했다. 당연히 아픈 노인의 모습을 하고 있었다. 두 사람은 같은 나이로 보이지 않았다. 어떤 모습으로 살아갈지는 자신의 의지에 달렸다. 쌍둥이의 현재 모습은 전혀 달랐다. 건강하고 멋진 인생으로 만들어갈지, 병상에 누워 환자로 살아갈지는 그들의 과거 행동에 달려 있다. 미래는 과거에 의해 달라지기 때문이다. 나는 이 사연을 보고 많은 깨달음을 얻었다.

쌍둥이의 모습을 보고 나의 뚱뚱했을 때 모습과 날씬한 지금의 모습이 겹쳐 보였다. 뚱뚱이로 살았다면 운동하지 않고 부정적인 시선과 자격지심으로 세상을 바라봤을 것이다. 내가 그런 삶을 살아봤기 때문에 살이 찌는 것이 너무 싫다. 절대 그때로 되돌아가고 싶지 않다는 생각에 노력했기에 지금 내 생활에 만족하고 긍정적인 마인드로 만들 수 있었다. 그리고 나의 능력을 발휘할 수 있는 삶을 살 수 있었다. 도전하는 나의 삶도 좋다. 이런 에너지는 나 자신에게서 나오는 것이다. 정신이 강하면 환경을 지배할 수 있는 삶을 살 수 있다. 내가 바라고 소망하는 것을 온전히 집중하면 내 의지대로 이루어질 수 있다. 자신의 의지가 강한 사람은 성취하는 사람이 된다. 집중할 수 있는 인생으로 도전하고 성취하는 것이다.

어떤 일에 있어 자신의 마음가짐과 의지가 중요하다는 것이다. 내가 환자라고 생각하면 환자가 되고, 내가 건강하다고 생각하면 건강한 사람이 되는 것이다. 자신이 바라고 원하는 삶이 된다는 것이다. 아는 만큼 보인다. 긍정적인 마음과 행동은 그 사람을 건강하게 만든다.

50대 후반의 여성 고객은 큰 키에 뚱뚱했다. 덩치가 크고 강하게 보여 여성스러운 이미지가 전혀 없었다. 남자같이 보였다. 그녀는 자신의 외모에 불만을 가지고 있었다.

"저는 어릴 때부터 뚱뚱했어요. 날씬한 몸을 가진 적이 없어요. 내 몸만 보면 속상해요. 나는 왜 살이 안 빠질까요?"

"운동을 꾸준하게 해보세요. 이것저것 하지 말고, 하나만 정해 집중 운동해보면 어떠세요?"

"제가 안 해본 운동이 없어요. 그런데 힘들어서 못하겠어요. 길게 한 적이 없어요"

"지금도 늦지 않았어요. 생활습관을 바꾸면 달라질 거에요."

"원장님은 옛날부터 피부도 좋고 몸매도 좋았죠?"

"저도 뚱뚱이의 삶도 살아보고, 날씬이의 삶도 살아봤는데, 일단 살을 빼야 해요. 세상을 바라보는 시선이 달라져요. 주변을 보지 않고 나를 중심으로 세상이 움직여요. 내가 먼저인 삶을 살 수 있답니다."

그녀는 내가 뚱뚱했다는 말을 믿지 않는 듯했다.

"원장님 몸으로 한번 살아봤으면 좋겠어요. 막 누리고 살 것 같은데. 몸매와 피부가 감탄을 안 할 수가 없네요. 노력해서 만들었다고 하니 더 놀라워요."

"누구라도 열심히 운동하면 건강한 몸과 예쁜 피부가 될 수 있어요."

그녀는 운동을 많이 했지만, 꾸준함이 문제였다. 조금만 힘들면 하지 않는 습관이 몸에 배어 있었다. 그녀는 자신에게 관대했다. 어떤 운동이든지 꾸준하게 길게 하지 않았다. 운동 결과는 실패의 연속이었다. 그녀는 저녁 모임을 즐겼다. 친구와 푸짐한 음식과 음주로 하루의 위로를 받았다. 이런 생활이 반복되고 지속됐다. 몸은 더욱 무거워지고 건강은 나빠졌다. 그녀는 자신의 습관을 고치기 어려워 보였다. 지금 자신의 삶이 편하고 익숙하기 때문에 굳이 바꾸기가 어려울 것이다. 이렇게 나쁜 습관이 익숙하고 편해지기 전에 삶의 변화를 줘야 한다. 몸이 편하기 전에 나 자신을 위해 건강한 삶으로 바꾸는 습관이 만들어져야 된다. 운동하고 자신의 예쁜 피부를 위해 작은 것부터 실천해야 된다.

30대 젊은 여성 고객은 작은 키에 뚱뚱한 외모였다. 상체가 크고 하체가 약했다. 뚱뚱했지만 건강해 보였다. 하지만 보는 사람이 답답함을 느끼게 했다. 살이 쪄서 모든 일에 의욕이 없었다. 그리고 힘들어했다. 근육이 많은 편이라 운동과 식습관만 바꾸면 될 거라고 생각했지만 그녀는 쉽게 살을 빼지 못했다. 얼굴에 지방이 많아 피부에 열기가 많았다. 지방은 에너지를 발산하지 않기 때문에 피부 질환이 많이 생길 수 있다. 특히, 얼굴에 트러블이 많이 생기고 예민한 피부가 되기 쉽다. 건강과 피부는 연결되어 있다. 건강에 문제가 생기면 피부로 나타난다.

우리는 건강과 뷰티를 따로 보는 경향이 있다. 예쁜 피부를 위해 무엇이든 하려고 병원에 먼저 간다. 하지만 그것보다 자신을 위해 무엇을 하고 있는지를 생각해야 한다. 자신에게 어떤 노력을 하고 있는지, 자신을 되돌아봐야 한다. 피부를 위해 제일 먼저 자신의 문제점을 찾아야 된다. 피부가 나쁘면 나쁜 습관을 가지고 있어 건강에도 문제가 생기기 마련이다. 자신의 생활습관에 어떤 문제점이 있는지 알아야 개선할 수 있다.

우리 인생은 길지만 짧다. 젊을 때는 젊은 줄도 모르고 시간이 흐른다. 시간이 흐른 뒤, 자신을 보고 후회만 하고 한탄하다. 후회하기 전에 자신에게 기회를 줘야 한다. 끊임없이 나를 위한 보상의 시간을 가져야 한다. 이런 자신을 위한 삶을 살다 보면 자신의 변화된 모습을 발견할 수 있다.

보통 사람들은 살이 쪄서 건강이 나빠졌다고 한다. 하지만 건강하지 않기 때문에 살이 찌는 것이다. 건강해지면 살이 빠지며 외모가 달라진다. 외모가 달라지기 시작하면 피부가 제일 먼저 보인다. 사람을 볼 때 제일 먼저 피부를 보게 된다. 그리고 나이를 먹으면 예쁜 피부를 가진 사람이 제일 부럽게 느껴진다.

운동해 살을 빼고 난 후, 나는 피부의 변화를 느꼈다. 순환이 잘되어 얼굴은 밝아지고 맑아지게 되었다. 나는 피부가 제일 중요하다고 본다. 나의 인생의 전환점도 피부였다. 피부에 관한 관심은 나를 움직이게 했다. 그리고 피부를 연구하게 했다. 피부에 가장 중요한 것이 순환이라는 것이다. 몸과 얼굴을 연결하는 통로를 원활하게 해야 된다는 것이다. 몸이 잘 흐르면 건강해지기 때문이다. 그리고 얼굴빛이 달라진다. 건강한 사람은 피부가 빛나게 된다. 빛나는 피부와 예쁜 얼굴선을 가진다면 어떤 것과 바꿀 수 없는 힘이 생긴다. 명품을 사는 것 보다 내 몸이 명품이 되어야 된다는 것이다. 내 몸이 명품이 되면 얼굴 또한 명품이 된다. 그 힘은 명품의 값과 비교 할 수 없는 존재감을 지니게 된다. 명품은 언제든 살 수 있지만 건강과 피부는 한번 나빠지면 되돌릴 수도, 좋아지기도 어렵기 때문이다. 대부분 사람은 알고 있는 사실이지만 실천이 어렵고, 유지하는 것은 더욱 힘들기 때문이다.

여자의 자존심은 피부다. 예쁜 피부 하나로 나를 표현할 수 있다. 주의의 시선이 내 피부에 머물러 있는 것을 발견할 것이다. 이렇게 내가 명품이 되는 것이다. 돈으로 살 수 없는 것이 명품피부다. 아무나 가질 수 없는 것이다. 시간, 노력, 건강이 피부로 나타나기 때문에 예쁜 피부를 얻기란 쉽지 않다. 명품 피부는 나의 명함이 된다. 명품으로 온 몸을 꾸며도 피부가 예쁘지 않으면 퇴색된다. '명품 살 돈으로 피부에 투자하지!'라는 생각을 하게 된다. 예쁜 피부는 피부 자체가 명품이기 때문에 뷰티의 완성으로 볼 수 있다. 외모를 꾸민다는 것은 좋은 물건으로 치장하는 것도 있지만, 진정으로 건강하고 꾸민 외모는 예쁜 피부라고 본다.

건강을 위해 운동도 해야 한다. 운동을 하면, 온몸의 세포가 움직이고 젊은 에너지가 생기는 것을 느낀다. 운동은 노후를 지연시킨다. 지금도 우리는 늙어가고 있다. 늙어가는 시간을 그대로 받아들이면 빨리 늙을 수밖에 없다. 남들보다 젊게, 건강하게 살기를 원한다면 운동을 해야 한다. 자기관리에 따라 언니처럼 늙을 수도, 할머니처럼 늙을 수도 있다. 노후의 모습은 노력에 따라 달라질 수 있다. 미래의 모습은 지금 자신의 몫이다. 지금 우리가 바라보는 부모님의 모습이 미래의 내 모습이라고 볼 수 있다. 늙는다는 것은 남의 이야기가 아니라, 곧 우리가 맞이할 미래의 현실이다. 혹시, 자신의 미래 모습을 상상해본 적이 있는가? 지금 우리의 부모를 보면 먹먹한 마음이 드는 이유는 무엇일까? 한번쯤은 노년의 모습을 진지하게 객관적으로 생각해봐야 한다. 미래의 자신의 모습을 위해 공부해야 한다. 건강과 예쁜 피부를 갖기 위한 노력을 멈춰서는 안 된다. 어떤 상황에서도 자신이 가장 중요하다. 자신을 단단하게 만들어야 갱년기와 노년을 순탄하게 받아들이고, 이겨낼 수 있다고 생각한다.

건강과 뷰티는 하나다. 건강은 예쁜 피부로 표현된다. 피부도 내 몸의 장기의 일부분으로 표현된다. 건강하지 않은 얼굴은 피부가 칙칙하고 거칠게 보인다. 건강한 사람의 예쁜 피부는 그 자체로도 빛나고 아름답게 보인다. 예쁜 피부는 건강과 뷰티의 완성으로 하나가 된다.

나는 당신이 예쁜 피부를 가졌으면 좋겠습니다

　나는 경기도 화성에서 정스킨 동탄 1호점을 운영하고 있다. 정스킨 동탄 1호점은 자체 프로그램을 개발해낸 곳이고, 광고 없이 입소문만으로 사람들이 찾아오는 피부관리숍이다. 목, 어깨의 통증으로 일상생활이 힘든 분, 림프순환장애로 얼굴이 커지는 분, 독소 배출과 주름 제거를 원하는 분, 자연스러운 케어를 바라는 분들을 관리한다. 그들의 얼굴 근육을 이용해 주름 근막을 제거하는 성형관리를 하고 있다. 림프순환관리로 뭉쳐 있는 목과 어깨의 근육을 이완시키고, 기능을 회복시켜주고 있기도 하다.

　얼굴 부위의 근육으로는 머리덮개 근육, 저작 근육, 눈, 코, 입, 볼, 턱, 귀 주위의 근육이 있다. 우리 에스테틱에서는 얼굴 주위의 근육을 근육 운동 방향으로 관리하는 기술을 개발했다. 그리고 5년

간의 연구를 토대로 갈바닉 성형관리 프로그램을 완성했다. 이 모든 것은 누군가가 가르쳐준 것이 아니다. 독학으로 매일 내 얼굴에 실험하고, 연습하고, 연구한 결실이다. 남들이 가지 않은 길인 만큼, 홀로 그 길을 개척해야만 했다.

기존의 에스테틱은 정해진 틀에서 벗어나지 않은 방법으로 고객을 관리한다. 옛날이나 지금이나 똑같다. 하루가 다르게 변하는 시대에 발전도 변화도 없는 관리 내용이 너무 식상하다고 생각했다. 한편, 마사지숍은 전신이나 등 관리를 거의 외국인들을 고용해 맡기고 있는 게 현실이다. 그런 곳에서는 대부분 얼굴과 림프의 관리는 그냥 스치듯 지나친다. 우리 몸에서 가장 중요한 림프와 얼굴을 그저 약하게 관리하는 셈이다. 마스크팩을 붙였다 떼었다 하는 관리만 몇 번 한 뒤 끝내고 만다.

미용학과에서는 림프를 세게 마사지하면 안 된다고 가르친다. 대신 강도가 약한 관리 방법을 가르치고 있다. 하지만 세게도 약하게도 아닌, 정확하게 관리하는 것이 정답이다. 그런데도 아무 변화도 주지 않고 림프와 얼굴을 약하게만 관리한다는 것이 내게는 얼굴과 림프를 확실히 알지 못한다는 이야기로 들린다. 좀 더 센 정확한 관리는 안 하는 게 아니라 못하는 것이다. 그렇게 하면 안 된다는 가설을 세우고 학생들을 가르치기 때문에 옛날과 같은 방식에서 벗어나지 못하는 것이다. 기존의 틀을 고수하며 고객을 관리하니 옛날이나 지금이나 관리 형식이 똑같다.

보통 피부숍에서도 얼굴 관리를 세게 하면 안 된다고 한다. 그 누구도 틀에서 벗어나지 못하고, 정확한 기술이 없는 채 세게 하면 안 된다는 가설을 못박아놓고 있다. 피부숍에서 얼굴 관리를 그냥 스쳐가듯 정확하게 관리하지 않는 것에 나는 불만을 가졌다. 그 누구도 관리를 통해 성형이 된다는 것을 모르니 프로그램으로 만들지도, 시도조차 하지 않고 병원 시술에만 의존하고 있는 실정이다. 필요하다면 성형도 한 방법이겠지만, 무조건적인 프티 성형으로 멀쩡한 얼굴이 어색하게 변해가는 것을 볼 수 없었다. 시대가 변해가는 만큼 얼굴 관리도 발전해야 한다는 것을 강조 하고 싶다. 무리하지 않고 자연스럽게, 어색하지 않게, 부작용 없이 예쁜 피부와 얼굴의 성형이 가능하다는 것을 강조하고 싶다. 나이가 들면 주름이 생길 수밖에 없다. 그래서 자연스러운 주름을 받아들이며 우아하게 늙어가는 자신의 모습을 받아들여야 한다. 세월로 인한 자연스러운 주름을 인정할 줄 알아야 지나친 프티 성형을 하지 않는 자신만의 기준을 세울 수 있다. 나이 먹을수록 자신만의 기준과 신념이 바로 서지 않으면 항상 남들이 하는 말에 휘둘릴 수밖에 없다.

7년 전 피부과 의원에 간 적이 있다. 여자들은 본능적으로 조금이라도 더 예뻐지고 싶어 한다. 나 역시 좀 더 아름답게 피부를 가꾸고 싶어 병원을 방문했다. 그런데 의사는 나를 보자마자 이마 볼

룸이 없다면서 필러와 보톡스를 권유했다. 그 당시 나에게는 필러와 보톡스에 관한 지식이 전혀 없었다. 생각 없이 보톡스를 이마 끝에 놓고 서비스로 미간에 보톡스를 맞았다. 그런데 다섯 시간이 지나자 갑자기 눈썹이 화난 사람처럼 올라갔고, 눈도 점점 올라갔다. 마치 성난 사람처럼 인상이 변해 버렸다. 퇴근하고 집에 온 신랑은 나를 보고 깜짝 놀랐다. 도대체 얼굴에 무슨 짓을 해서 이렇게 다른 사람이 되었냐며 엄청 화를 냈다.

너무 놀란 나는 검색에 나섰다. 그리고 나에게 벌어진 일이 흔한 보톡스의 부작용임을 알게 되었다. 아파서 병원에 가면 보통 최악의 상황에까지 이를 수 있는 진단 결과를 말해 준다. 하지만 프티성형을 하는 의원에서는 필러와 보톡스의 부작용에 대해 말해주지 않았다. 나에게 부작용을 말해주었다면 보톡스를 맞지 않았을 수도 있다. 의사는 선택지를 제시하지 않았고, 그냥 어디에 몇 대 주사를 하자고만 권유한 것이다. 그다음 날 나는 의원을 찾아가 내 얼굴을 보여줬다. 의사는 보지도 않고 시간이 지나면 부작용은 사라진다고 일갈했다. 해결 방법을 물어봤지만, 방법이 없다는 말만 돌아왔다. 너무 속상했다. 인상이 변하자 사람들은 어디 아픈지, 울었는지, 무슨 일이 있는지 자꾸 물어왔다. 나는 6개월 동안 운동도 하러 가지 않고 사람들을 피해 다녔다. 그리고 피부과 전문의를 찾아가서 보톡스 해독 주사를 한 달 동안 맞았다. 보톡스 주사의 10배 이상 되는 비용이 들었다. 해독 주사를 맞은 지 3개월이 지나면서 점점 회복되었다. 보톡스 주사를 맞지 않았다면 고민 없이 일상 생활을 했을 텐데, 너무 후회되었다.

　이후 나는 부작용이 두려워 프티 성형은 절대 하지 않는다. 그리고 그때부터 피부에 관심을 기울이게 되었다. 필러, 보톡스 이외에 아름다운 피부를 얻는 방법은 없을까 고민하기 시작했다. 일반 에스테틱은 너무 약해서 관리를 받은 것 같지 않았다. 필러와 보톡스만 권유하는 병원의 현실도 안타까웠다. 그러다 내 얼굴이니 내가 관리하자고 마음먹게 되었다. 나는 수많은 기계의 효과, 제품의 효능과 안정성을 공부하기 시작했다. 안전하고 편한 에스테틱 홈케어 기계를 찾아서 연구하기 시작했다. 하지만 혼자서 공부하는 것은, 역부족이었다. 체계적으로 공부해야겠다고 마음먹은 이유다. 피부과 자격증을 취득한 후 얼굴경락, 스포츠 마사지 등을 배우기도 했다. 피부과를 전공하지 않았지만, 미술을 전공한 만큼 항상 창의적으로 생각하며 상상력이 풍부한 것이 나의 장점이다. 항상 남들과 다르게 생각해야 한다는, 강박적인 모습을 보이기도 한다. 이는 남들과 똑같이 하면 크게 발전할 수 없다는 것을 깨우치면서 갖게 된 자세다.

　나는 내가 만든 성형 기법에 제품의 기술력과 주름 근막 제거 기법을 결합한 기술을 개발했다. 5년 연구 끝에 완성하고, 그것을 바탕으로 동탄역에서 정스킨 동탄 1호점을 운영하고 있다. 얼굴 주름의 근막을 제거함으로써 주름진 근육과 근막을 이완시키고, 독소 제거와 불필요한 지방을 분해하는 기술로 고객의 얼굴을 관리해주고 있다. 비대칭, 광대 축소, 입술·팔자·이마의 주름을 제거하는 등 고객 얼굴에 맞게 일대일 관리를 해주고 있다.

백 번의 관리를 받더라도 가장 중요한 것은 안전이다. 우리는 이 점을 주목할 필요가 있다. 나는 메스를 대지 않고 안전한 관리로 얼굴을 성형할 수 있다는 것을 널리 알리고 싶었다. 예뻐지고 싶어 하는 분들에게 프티 성형, 에스테틱뿐만 아니라 또 다른 신개념 관리, 갈바닉 성형관리가 있다는 것을 알리고 싶었다. 예뻐지고 싶어 하는 분들을 위해 관리 선택의 폭을 넓혀주고 싶었다.

나는 안전한 관리를 통해 고객들이 자연스럽고 우아한 아름다움을 간직한 자신을 만나기를 바란다. 자연스럽게 자신만의 느낌과 분위기를 살리며, 젊은 모습을 되찾기를 바란다. 내가 개발한 기술은 나만의 것이다. 누구도 따라 할 수 없는 것이다. 전국, 아니 세계 어디에도 없는 관리기술이다. 관리를 통해 목과 어깨 통증을 경감시키고, 주름진 얼굴의 근막을 이완해 주름을 제거하는 유일한 기술이다.

신개념 에스테틱 갈바닉 성형관리를 널리 알리고 싶다. 누구나 안전한 성형관리를 받고 예뻐지기를 바랄 뿐이다. 사람들은 아름다워지고 싶어 한다. 하지만 그 방법 면에서 우리는 변화해야 한다. 부작용이 걱정되는 프티 성형과 효과 없는 마사지관리에서 벗어나게 해주는, 안전할 뿐더러 효과적인 갈바닉 성형관리가 존재한다는 사실을 널리 알리고 싶다.

내가 책을 쓰는 이유도 여기에 있다. 내 책을 통해 안전하고 효과적인 갈바닉 성형관리가 있다는 것을 많은 사람에게 이야기하고 싶었다. 자신의 얼굴과 피부에 고민되거나 관리의 필요성을 느끼는 분에게 안전하고 부작용 없는 프로그램을 선보이고 싶다.

나는 여러분이 어색함 없이 우아하고 자연스러운 예쁜 피부와 얼굴을 가지기를 소망한다.

성형 수술 없이 예뻐지는 법

제1판 1쇄 2023년 6월 1일

지은이   정하정
펴낸이   최경선   **펴낸곳**   매경출판(주)
기획제작 ㈜두드림미디어
책임편집 우민정   **디자인**   얼앤똘비악earl_tolbiac@naver.com
마케팅   김성현, 한동우, 구민지

매경출판㈜
등록 2003년 4월 24일(No. 2-3759)
주소 (04557) 서울시 중구 충무로 2(필동1가) 매일경제 별관 2층 매경출판㈜
홈페이지 www.mkbook.co.kr
전화 02)333-3577
이메일 dodreamedia@naver.com(원고 투고 및 출판 관련 문의)
인쇄·제본 ㈜M-print 031)8071-0961
ISBN 979-11-6484-572-9 (03190)